近現代中華文化思想叢刊

道出於二：
過渡時代的新舊之爭

下冊

羅志田　著

目次

文學革命的社會功能與社會反響

關於新文化運動時期的文學革命，學界已有的研究不可謂不多，但以當事人胡適晚年的看法，文學革命「這一運動時常被人誤解了」。周作人則更早就指出：對民國初年的文學革命，「世上許多褒貶都不免有點誤解」。[1] 他們所說的誤解，到今天仍不同程度地存在。一般對文學革命的成功一面，似乎都有偏高的評估。[2]

胡適早年曾說：文學革命「之所以當得起『革命』二字，正因為這是一種有意的主張，是一種人力的促進。《新青年》的貢獻，只在他在那緩步徐行的文學演進的歷程上，猛力加上了一鞭。這一鞭就把人們的眼珠子打出火來了。從前他們可以不睬《水滸傳》，可以不睬《紅樓夢》，現在他們可不能不睬《新青年》了。」[3] 這更多是從立說者一面看問題。在接收者的一面，立說者的鞭子打得再猛，他們也不見得就要理睬。為什麼胡適、陳獨秀一提倡，舉國就能和之？

陳獨秀在當時的解釋是：「中國近來產業發達、人口集中，白話文完全是應這個需要而發生而存在的。適之等若在三十年前提倡白話文，只需章行嚴一篇文章便駁得煙消灰滅。」[4] 這一說法是否正確且

---

1 唐德剛譯注：《胡適口述自傳》（以下徑引書名），上海：華東師範大學出版社，1993年，137頁；周作人：《看雲集·論八股文》，長沙：嶽麓書社，1988年，82頁。

2 參見羅志田：《林紓的認同危機與民初的新舊之爭》，《歷史研究》，1995年5期。

3 胡適：《白話文學史》，上卷，上海：新月書店，1928年，7頁。

4 陳獨秀：《答適之》（1923年12月），《陳獨秀著作選編》，任建樹主編，上海：上海人民出版社，2009年，第3卷，168-169頁。

不論，但至少提示了一個從接收者一面考察以認識文學革命的重要路徑。

《新青年》已使人「不能不睬」這個歷史事實，提示著世風的明顯轉移。而世風的轉移，又與清季廢除科舉以後的社會變化，特別是讀書人上升性社會變動的大調整有關。這一社會變動與思想發展的互動關係，是理解文學革命和新文化運動的一個重要途徑。反之，對文學革命這一層面的了解，也能增進我們對近代中國社會變動與思想發展互動關係的認識。全面考察文學革命的社會功能與社會反響，非一篇短文所能為，本文僅試從思想史的社會視角入手，對當時的立說者和接收者進行簡單考察分析，希望能對這一運動有深入一步的理解。

一　引言：《新青年》的溝通作用

文學革命在立說者這一面，正如胡適後來總結的，就是要把「大眾所酷好的小說，升高到它們在中國活文學史上應有的地位。」[5] 用余師英時的話說，就是要「把通俗文化提升到和上層文化同等的地位上來」。[6] 而在接收者一面，小說的地位升高，看小說的「大眾」（大眾中的多數人，那時恐怕不看小說）的地位當然也跟著升高。文學革命無疑給看新小說的邊緣讀書人提供了方向和出路。當他們從茫然走向自覺時，也必定要想發揮更大更主動的作用。而立說接受雙方的共同點，是表達或適應了近代以來邊緣向中心挑戰的大趨勢。

余英時師已注意到，文學革命以至新文化運動的迅速成功，與胡適和陳獨秀這兩個安徽老白話作家的配合是分不開的。蓋「胡適對中

5　《胡適口述自傳》，229頁。

6　參見余英時：《中國近代思想史上的胡適》，收在胡頌平編：《胡適之先生年譜長編初稿》，臺北：聯經出版公司，1990年，修訂版，第1冊，24頁。

西學術思想的大關鍵處，所見較陳獨秀為親切」；而陳則「觀察力敏銳，很快地便把捉到了中國現代化的重點所在」，故能提出「民主」與「科學」的口號。兩人在態度的激進與穩重上，也頗能互補。胡適原本預想白話文運動「總得有二十五至三十年的長期鬥爭」才能成功，所以態度平和，在發表其主張時，不說文學革命而說是什麼「文學改良芻議」；而陳獨秀則有「必不容反對者有討論之餘地」的氣概。胡適自己也說：若沒有陳氏這種精神，「文學革命的運動決不能引起那樣大的注意」。[7] 兩人的協作，真是文學革命的天作之合。

從思想史的社會視角去考察立說者與接收者的關係，胡陳合作的意義尚不止此，更意味著留美學生與國內思想言說（discourse）的銜接。民初的中國，不僅存在知識菁英與一般平民疏離的現象，還有自晚清以來西洋留學生與國內思想言說的疏離。梁啟超在《清代學術概論》中說：「晚清西洋思想之運動，最大不幸者一事焉，蓋西洋留學生殆全體未嘗參加於此運動；運動之原動力及其中堅，乃在不通西洋語言文字之人。」由此生出種種弊端，「故運動垂二十年，卒不能得一堅實之基礎，旋起旋落，為社會所輕」。從這一點看，過去的西洋留學生，「深有負於國家也」。[8]

胡適其實早就認識到梁所指出的弊病。他知道，要「輸入新知識，為祖國造一新文明，非多著書多譯書多出報不可」。但留美學生中許多人「國學無根底，不能著譯書」。在胡適看來，這就是中國「晚近思想革命、政治革命，其主動力多出於東洋留學生」的根本原因。東洋留學生的學問並不見得高於西洋留學生，就西學言肯定還要差許多，但東洋留學生都能「著書立說」，所以有影響；而不能「著

7　余英時：《中國近代思想史上的胡適》，13-14頁；《胡適口述自傳》，149、164頁。
8　梁啟超：《清代學術概論》，朱維錚校訂，上海：上海古籍出版社，1998年，98頁。

書立說」的西洋留學生，在中國這些思想政治運動中，就只能「寂然無聞」了。[9]

梁啟超所說，當然更多是晚清的現象。入民國後，西洋留學生對推廣西學的參與，顯然比前增多。問題在於，像胡適這樣有意想要參與的西洋留學生，也常覺參與無由。他曾深有感慨地指出：「美留學界之大病，在於無有國文雜誌，不能出所學以餉國人。」[10] 其實雜誌不是完全沒有，但印數少而流傳不廣。胡適與朋友們的討論，即使發表在《留美學生月報》(Chinese Students' Monthly) 上，也只有留學生自己看。

這樣，就算有參與的願望和行動，也多是自說自話，不僅不能像黃遠庸所說的「與一般之人生出交涉」，[11] 就是與國內的知識菁英，也沒有多少溝通。從這個角度言，陳獨秀辦的《新青年》，無意中起到了使胡適和其它學生「能出所學以餉國人」的作用，從而改變了留美學生自說自話的狀態，從此留美學生就成了中國思想言說中的一支生力軍。新文化運動時胡陳合作的一個重要社會意義，正在於此。

胡適的《文學改良芻議》就是在《新青年》上發表後頗得「轟動效應」，於是一舉成名。對國內的人來說，文學革命的口號應是陳獨秀提出的，但陳既然將胡適許為文學革命「首舉義旗之急先鋒」，許多人也認同於這一觀念。在胡適歸國前，南社的柳亞子在給楊杏佛的信中，已說胡適「創文學革命」。[12] 這個認知出自不太喜歡胡適的

---

9 胡適：《非留學篇》(1914年)，周質平主編：《胡適早年文存》，臺北：遠流出版公司，1995年，356-363頁。

10 《胡適日記全編》(以下簡作《胡適日記》)，曹伯言整理，合肥：安徽教育出版社，2001年，1914年6月29日，第1冊，307頁。

11 黃遠庸：《釋言 (致甲寅雜誌記者)》，《甲寅》1卷10號 (1915年10月)，2頁 (通訊欄頁)。

12 《胡適日記》，1917年6月所附「歸國記」，第2冊，612頁。

人，可知他在國內已是聲名遠播了。但胡適同時一稿兩投，也將文章刊登在《留美學生季報》上，卻幾乎無人理睬。這最能說明接收一面對文學革命興衰的重要。

當然，西洋留學生與國內思想言說的疏離並未完全彌合。到一九二六年，留美學者湯茂如仍在說：「中國的學者有一種共同的遺憾，就是沒有機會發表他們的所有。不識字的人，自然沒有資格聽他們的言論；即一般所謂智識階級，亦不能完全明白領會。」其原因，就在「民眾的知識程度太低」。結果，「學者自為學者，很難與社會交換意見」。[13]

這裡區別於「一般智識階級」的「中國學者」，實即留學生，那種疏離感仍清晰可見。而更重要的，仍是西化知識菁英與「沒有資格」作聽眾的老百姓之間的疏離。這對非常認同「與一般人生出交涉」這一取向，並將其視為「中國文學革命的預言」[14] 的新文化諸賢來說，不能不說是一個弔詭性的結局。其原因，恰蘊涵在文學革命自身之中。

二 「我們」與「他們」的困擾

近代士人講開通民智，以白話文來教育大眾，早已不斷有人在提倡，陳獨秀和胡適都曾身與清末的白話文活動。但是，晚清和民初兩次白話文運動，也有很大的區別。胡適說，前者的最大缺點是把社會分作兩部分：「一邊是應該用白話的『他們』，一邊是應該做古文古詩的『我們』。我們不妨仍舊吃肉，但他們下等社會不配吃肉，只好拋

---

13 湯茂如：《平民教育運動之使命》，《晨報副刊》，1927年1月25日，10-11頁。
14 胡適：《五十年來之中國文學》（1922年），《胡適全集》（2），合肥：安徽教育出版社，2003年，309-310頁。

塊骨頭給他們去吃罷。」[15]

以前的人提倡白話，是為引車賣漿者流說法，是要去「啟」別人的「蒙」。啟蒙者自身，既然不「蒙」，自然可不用白話。所以一般的士大夫，完全可以置之不理。[16] 今胡適所倡導的白話，是為士大夫自身說法，是要「啟蒙」者先啟自己的「蒙」，這就與以前有根本的區別了。可以作古文的士大夫自己，包括部分留學生，當然不會贊成，後者尤其反對得非常厲害。正因為如此，胡適的白話文主張在美國留學生圈內才幾乎完全得不到支持。後來文學革命以及新文化運動最有力的反對者，即是留學生唱主角的《學衡》派。

余師英時以為，胡適答案中關於「我們」和「他們」的分別，「恐怕也包括了他自己早年的心理經驗」。但胡適「在美國受了七年的民主洗禮之後，至少在理智的層面上已改變了『我們』士大夫輕視『他們』老百姓的傳統心理」。[17] 余先生這裡強調的「理智的層面」是一個關鍵。在意識層面，胡適的確想要借「國語的文學」這一建設性的革命達到整合「他們」與「我們」而融鑄中國之「全國人民」的目的；但其潛意識仍不脫「我們」的士大夫意識，他要為「國人導師」的自定位決定了他最多不過做到變輕視「他們」為重視「他們」（沒有做到當然不等於不想做到）。

實際上，胡適不過是依其認知中的「一般人」的標準（實即他自定的標準）來做出判斷，他那以白話文學為活文學的主張，在相當長

---

15 胡適：《五十年來之中國文學》，《胡適全集》（2），329頁。

16 那被「啟」的「蒙者」一邊，自己是否承認被「蒙」，或其承認的「蒙」是怎樣一種「蒙」（很可能只承認不識字而被「蒙」，卻並非缺少新知識那種「蒙」），及其是否想要或願意其「蒙」被「啟」，恐怕都是要打個很大的問號的。但這個問題不是這裡所能說清楚的。關於中國讀書人在清末「啟蒙」方面的努力，可參閱李孝悌：《清末的下層社會啟蒙運動》，臺北：中研院近史所，1992年。

17 余英時：《中國近代思想史上的胡適》，26-27頁。

的時間裡並未得到真正老百姓的認可。最接近「引車賣漿者流」的讀者，反而在相當時期內並不十分欣賞白話文學作品（詳後）。

就連新文化人中的周作人，對胡適的「活文學觀」也頗有保留，並從影射攻擊發展到點名批評。[18] 胡適的《國語文學史》出版後，周作人在一九二五年說：「近年來國語文學的呼聲很是熱鬧，就是國語文學史也曾見過兩冊，但國語文學到底是怎麼一回事，我終於沒有能夠明了。」因為「國語普通又多當做白話解」，所以，「凡非白話文即非國語文學。然而一方面界限仍不能劃得這樣嚴整，照尋常說法應該算是文言文的東西裡邊也不少好文章，有點捨不得，於是硬把他拉過來，說他本來是白話。這樣一來，國語文學的界限實在弄得有點糊塗，令我覺得莫名其妙」。這裡語氣不像周氏通常文章那麼平和，顯然是在攻擊胡適。周作人自己說他洗手不談文學已兩年，寫這篇文章是「不得已攘臂下車」，信非虛言。[19]

周氏更進而論證說：「古文作品中之缺少很有價值的東西，已是一件不可動移的事實。其理由可以有種種不同的說法，但我相信這未必是由於古文是死的，是貴族的文學。」實際上，「古文所用的字十之八九是很普通，在白話中也是常用的字面。你說他死，他實在還是活著的。……或者有人說所謂死的就是那形式——文體，但是同一形式的東西也不是沒有好的；有些東西很為大家所愛，這樣捨不得地愛，至於硬說他是古白話，收入（狹義的）國語文學史裡去了。那麼這種文體也似乎還有一口氣。」這雖未點名，已明確是專門針對胡適而言了。

---

18 周作人對胡適白話文學主張的批駁，當然不完全是就文學主張而論，大約與新文化人中「英美派」與「留日派」的內鬥、具體說就是周氏兄弟和陳源的爭戰相關。此事已為多人討論，此不贅。

19 本段及下兩段，參見周作人：《藝術與生活·國語文學談》，上海：中華書局，1936年，121-128頁。

在文章最後，周作人用一句話「警告做白話文的朋友們」，要大家「緊防模擬」。並進一步點出了攻擊胡適的主題。他說：「白話文的生命是在獨創，並不在他是活的或平民的。一傳染上模擬病，也就沒了他的命了。模仿杜子美或模仿胡適之，模仿柳子厚或模仿徐志摩，都是一樣的毛病。」[20] 的確是「攘臂下車」了。到一九三二年，周作人在其系列演講《中國新文學的源流》中，仍就以上諸點正式提出不同意胡適的看法，語氣反較平和；蓋那時已事過境遷，與胡適的關係也改善了。[21]

但是，作為新文化運動主要人物之一，周作人也面臨與胡適相同的「我們」與「他們」問題。在有意的層面，他也像胡適一樣強調新文化人與清季人的區別，故指出：清季的「白話運動是主張知識階級仍用古文，專以白話供給不懂古文的民眾；現在的國語運動卻主張國民全體都用國語」。在下意識中，周作人自己也仍有明顯的「我們」與「他們」之分。他說：對於國語，一方面要「儘量的使他化為高深複雜，足以表現一切高上精微的感情與思想，作為藝術學問的工具；一方面再依這個標準去教育，使最大多數的國民能夠理解及運用這國語」。這意思，也就是先由「我們」來提高，再普及給「他們」。[22]

普及與提高孰先孰後，是文學革命發展到更具建設性的國語運動後越來越受到注意的問題。主要的趨勢顯然是先要普及。周作人在一九二二年觀察到：那時已有人認為民初的白話文仍「過於高深複雜」。他認為，國語運動中這種專重普及的趨勢看上去似乎更大眾

---

20 這裡說到徐志摩，提示了周作人不滿的出處，顯然是在繼續與所謂「東吉祥胡同」諸人戰。不過胡、徐二位恰都是「英美派」中與他關係較佳者，所以也的確有點「不得已」。

21 周作人：《中國新文學的源流》，長沙：嶽麓書社，1989年，18、55-56頁。

22 本段及以下兩段，參見周作人：《藝術與生活・國語改造的意見》，107-115頁。

化，其實正體現了清季白話運動由菁英面向大眾這一取向的遺緒。那種「準了現在大多數的民眾智識的程度去定國語的形式的內容」的態度，恰是仍在分「我們」與「他們」的心態，以為國語也不過是「供給民眾以淺近的教訓與知識」。用一句大陸二三十年前通行的話說，這很有些「形左實右」的味道。

周氏提出，國語更主要是作為「建設文化之用，當然非求完備不可」。而民初白話文的缺點，正「在於還未完善，還欠高深複雜」。要建設，就要改造，而改造的主要方向仍是提高。他說：「我們決不看輕民間的語言，以為粗俗，但是言詞貧弱，組織簡單，不能敘複雜的事情，抒微妙的情思，這是無可諱言的。」因此，「民間的俗語，正如明清小說的白話一樣，是現代國語的資料，是其分子而非全體。現代國語須是合古今中外的分子融合而成的一種中國語」，除民間現代語外，還要「採納古代的以及外國的分子」。

到一九二五年，周作人的心態仍徘徊於既想要不分而實則仍在分「我們」與「他們」之間。他說：「我相信古文與白話文都是漢文的一種文章語，他們的差異大部分是文體的，文字與文法只是小部分。中國現在還有好些人以為純用老百姓的白話可以作文，我不敢附和。我想一國裡當然只應有一種國語，但可以也是應當有兩種語體，一是口語，一是文章語。口語是普通說話用的，為一般人民所共喻。文章語是寫文章用的，須得有相當教養的人才能了解；這當然全以口語為基本，但是用字更豐富，組織更精密，使其適於表現複雜的思想感情之用。這在一般的日用口語，是不勝任的。」不過，周氏強調，文章語要「長保其生命的活力」，其「根本的結構是跟著口語的發展而定」的。[23]

---

23 周作人：《藝術與生活・國語文學談》，123-124頁。

　　觀此可知，胡適、周作人那輩新文化人，一方面非常認同於「與一般人生出交涉」的觀點（這裡仍有我們與他們的區別），一方面又要保留裁定什麼是「活文學」或「國語文學」這個裁判的社會角色。關鍵是，一旦「與一般人生出交涉」成為宗旨，什麼是活文學便不是胡適等所能憑一己之愛好而定，而實應由「一般人」來定。換言之，面向大眾成了目標之後，聽眾而不是知識菁英就成了裁判。在胡適等人的內心深處，大約並未將此裁判的社會角色讓出。胡適關於歷代活文學即新的文學形式總是先由老百姓變，然後由士人來加以改造確認，即是保留裁判角色的典型表述。

　　這就造成了文學革命諸人難以自拔的困境：既要面向大眾，又不想追隨大眾，更要指導大眾。梅光迪、任鴻雋、林紓都在不同程度上意識到了這一點。梅氏以為，如用白話，「則村農傖父皆是詩人」。任鴻雋有同感，他在給胡適的信中說，「假定足下之文學革命成功，將令吾國作詩者皆京調高腔」。[24] 而林紓則對「凡京津之稗販，均可用為教授」這種潛在可能性深以為戒。[25]

　　在這一點上，「舊派」比「新派」更具自我完善性。傳統的士大夫的社會角色本來就是一身而兼楷模與裁判的，分配給大眾的社會角色是追隨；追隨得是否對，仍由士大夫裁定。兩造的區分簡明，功能清晰。但對民初的知識人 —— 特別是有意面向大眾的知識人 —— 來說，事情就不那麼簡單了。所有這些士大夫的功能，現代知識人似乎都不準備放棄；但他們同時卻又以面向大眾為宗旨。這裡面多少有些矛盾。關鍵在於大眾如果真的「覺醒」，自己要當裁判時，知識人怎樣因應。假如稗販不再是「可用為教授」，而竟然「思出其位」，主動

24　《胡適日記》，1916年7月22日、30日，第2冊，440、450頁。

25　林紓：《致蔡元培函》，附在高平叔編：《蔡元培全集》，第3卷，北京：中華書局，
　　1984年，274頁。

就要作教授，那又怎麼辦？林紓已慮及此，新文化人卻還沒來得及思考這一問題。

　　整個五四新文化運動期間及以後相當長一段時間裡，這是努力面向大眾的知識菁英所面臨的一個基本問題，也是新文化人中一個看上去比較統一而實則歧異甚多的問題。魯迅似比一般新文化人要深刻，他已認識到「民眾要看皇帝何在，太妃安否」，向他們講什麼現代常識，「豈非悖謬」？[26]正如湯茂如在一九二六年所說：「梁啟超是一個學者，梅蘭芳不過是一個戲子。然而梁啟超所到的地方，只能受極少數的知識階級的歡迎；梅蘭芳所到的地方，卻能受社會上一般人的歡迎。」所以魯迅乾脆主張「從智識階級一面先行設法，民眾俟將來再說」。[27]

　　這裡還有著更深層的因素──「文學」本是一個近代才引進的新概念，那時正發生著雙重的改變。如朱維之所說：「從前的小說與戲劇，不過是消閒品或娛樂品；而今卻於娛樂中發揚時代的精神，以藝術為發揮思想與感情的工具，且批評人生、指導人生的工具。其使命之重大，和從前相去更不可以道里計了。」進而言之，「從前的文字是貴族的，是知識階級的專有物，平民不能顧問」。現在剛好反過來，大家「不重視貴族文學，而重視平民文學了」。[28]

　　中國傳統最重讀書，對讀書識字的推崇，幾乎已到半神話的「敬惜字紙」程度：凡有字之紙皆具象徵性的神聖地位，不能隨便遺棄，須送到專門的容器中焚燒，而不是作為「資源」回收。今日已不多見的「字紙簍」，在民初是個與「故紙堆」相關聯的概念，常用來指謂

26　魯迅：《致徐炳昶》（1925年3月29日），《魯迅全集》（3），北京：人民文學出版社，　　1981年，24-25頁。

27　湯茂如：《平民教育運動之使命》，《晨報副刊》，1927年1月25日，10-11頁。

28　朱維之：《最近中國文學之變遷》，《青年進步》117期（1928年11月），36頁。

「落伍」；[29] 其實也是「敬惜字紙」傳統的延續，即「字紙」必須與其它廢棄物有所區分。這樣對文字的推崇，透露出對學問（或今人愛說的知識）的特別尊重。高本漢（Bernhard Karlgren）對此深有體會，他說，中國人「對文字特別的敬愛」，是「西洋人所不能理會的」。這是因為，「西洋文字是由古代遠方的異族借得來的」，而「中國文字是真正的一種中國精神創造力的產品」。[30]

在這樣的文化傳統裡，當文學是文字之學甚至「經國之大業、不朽之盛事」（曹丕語）的時候，它既是「載道」的工具，也常常是讀書人身心的寄託。到近代成為 literature 意義的「文學」時，其社會地位已大不相同了。以前廣義的文學還可能是貴族的，同時也可以具有某種指導性的功能；當文學從廣義變為近代西方那種狹義時，排除了貴族性，也揚棄了曾經的指導功能。

問題是，在文學從廣義變為狹義的同時，它的功能卻又在發生根本的質變。小說、戲曲一類狹義的文學，乃是過去上層讀書人不齒、或雖參與（包括創作和欣賞）卻不標榜的內容；如今其功能又從消遣上升到指導，轉變不可謂不大。而這類「文學」的作者和讀者，又都在發生類似的從「貴族」到「平民」的轉變。且此轉變不僅限於「文學」層面，也表現在思想和社會層面。

胡適曾自稱他的新詩像一個纏過腳又放大的婦人，[31] 後來也多次引用這一比喻。則其對自己的文學定位，似乎也有所自覺（雖不一定方位準確）。他在推動文學「革命」的同時，潛意識中確實暗存傳統

---

29 如許德珩就曾主張「把舊時讀死書的書呆子從字紙簍裡拖出來，放到民族自救的熔爐裡去」。許德珩：《「五四運動」的回憶與感念》，《世界學生》1卷5期（1942年5月），9-10頁。

30 高本漢：《中國語與中國文》，張世祿譯，上海：商務印書館，1933年，84頁。

31 胡適：《嘗試集・四版自序》（1922年3月），《胡適全集》（10），43-44頁。

的菁英觀念。朱維之就注意到，胡適在其《五十年來中國之文學》中，把嚴復、林紓、譚嗣同、梁啟超、章太炎、章士釗等人的文章作為「近二十年來文學史上的中心」。其實「他所說的文學，不過是『文章』而已」，並不是「近十年來一般青年的文學觀念」。[32]

這裡「文學觀念」的不同，正隱含甚至明示著代際的差別。胡適比喻中的那些「天足」女子，其實已是另一代人。很多白話文的作者，從思想到社會的認同，都更接近「平民」，並有自己的「文學觀念」。他們一面追隨著「貴族」，一面又對其「指導」心存疑慮。其結果，就像梁啟超當年所說的「新民」——「新民云者，非新者一人，而新之者又一人也，則在吾民之各自新而已」。[33] 既不很願意接受「貴族」的「指導」，便只能自己指導自己，在游泳中學習游泳。

轉變中的文學，又遇到了革命，其多重的尷尬，還不止此。所謂的新「文學觀念」，正像胡適等提倡「國語」，本受到外在的影響。胡適主張「國語的文學，文學的國語」，其思想資源正是歐洲文藝復興以國語促民族國家的建立的先例。[34] 但他在具體的論證中，明顯是重「白話」而輕「文言」。朱經農看出了其間的緊張，以為「『文學的國語』，對於『文言』、『白話』，應該並採兼收而不偏廢」。其重要之點，「並非『白話』，亦非『文言』；須吸收文字之精華，棄卻白話的糟粕，另成一種『雅俗共賞』的『活文學』」。[35]

當年意大利的方言，針對著大一統的拉丁文；而中國的「白話」和「文言」，卻皆是本土的。朱經農看出胡適因新舊之爭而無意中帶

---

32 朱維之：《十年來之中國文學》，《青年進步》，100期（1927年2月），209頁。

33 梁啟超：《新民說》，《飲冰室合集・專集之四》，3頁。

34 胡適：《建設的文學革命論——國語的文學，文學的國語》（1918年4月），《胡適全集》（1），52-68頁。

35 朱經農致胡適（1918年6月），收入《答朱經農》，《胡適全集》（1），80頁。

有些「去國」的意味，故強調應把「國」置於新舊之上。當「過去是外國」時，學文言略近於學外文。這「外文」確有非我（非當下之我）的一面，也承載著某種超越特性。且其「非我」僅體現在時間上，那異己程度遠非真正的外文可比。這樣，以前中國人的教育，類似於從小學外文，又借助這超越的文字，克服空間和時間之方言的隔閡。如高本漢所說：在中國「這個大國裡，各處地方都能彼此結合，是由於中國的文言，一種書寫上的世界語，做了維繫的工具」。中國歷代「能保存政治上的統一，大部分也不得不歸功於這種文言的統一勢力」。[36]

在士為四民之首時，讀書人本是社會的榜樣，於是通過能夠運用此「超越文字」的群體，形成思想和社會的重心，以凝聚整個的民族。近代民族主義學理傳入，基本在讀書人中討論，因早有書面文字的一統，中國不像歐洲那樣特別需要一個獨立的口語。但當一部分士人想要跨出傳統論域而訴諸菁英以外的追隨者時，白話和國語（統一的口語）的重要性隨之而增；而白話和國語的興起，又進一步使民族主義走向下層。然從更具體的層面細看，更本土的「國語」，功效反而不如帶有歐化色彩的「白話」。因前者面向大眾，而後者更多針對邊緣知識青年。那時頗具理想主義且真想做點什麼，是邊緣知青而不是大眾。換言之，新文化人想要生出交涉的「一般人」，並非一個整體。

過去研究文學革命，雖然都指出其各種不足，但一般尚承認其在推廣白話文即在試圖「與一般人生出交涉」方面的努力和成功。其實恰恰在這一點上，文學革命只取得了部分的成功。胡適晚年自稱：「在短短的數年之內，那些〔白話〕長短篇小說已經被正式接受了。」[37] 實際上，最接近「引車賣漿者流」的讀者反而在相當時期內

36　高本漢：《中國語與中國文》，49-50頁。

37　《胡適口述自傳》，164頁。

並不十分欣賞白話文學作品，張恨水就同樣用「古文」寫小說而能在新文化運動之後廣泛流行，而且張氏寫的恰是面向下層的通俗小說。這很能說明文學革命在白話方面的「成功」其實還應做進一步的分析。

從銷售的數量言，二三十年代文言小說恐怕不在白話小說之下。美國學者林培瑞已作了很大努力去證實讀文言小說的那些人，就是以上海為中心的「鴛鴦蝴蝶派」早已生出交涉的「一般人」。[38] 不過，文言小說在相當時期裡的風行雖然可用統計數字證明，文學革命許多人自己的確沒有認識到，恐怕也不會承認，他們在「與一般人生出交涉」方面竟然成功有限。很簡單，他們自己的文學作品也確實很能賣，同樣是不斷地再版。這就提出一個新的問題，文學革命者們到底與什麼樣的「一般人」生出了交涉呢？或者說，究竟是誰在讀文學革命者的作品呢？

三　新文學作品的實際讀者

後來的事實表明，在相當長的一段時間裡，接受白話小說者只是特定的一部分人。他們中許多是從林譯文言小說的讀者群中轉過來的，有的更成了後來的作者（如巴金）。另一些大約也基本是嚮往新潮流或走向「上層社會」的知識青年，如魯迅所曾見的以帶著體溫的銅元來買新小說的學生。[39]

新文學作品的實際讀者群，就是處於大眾與菁英之間的邊緣讀書人，主要是年輕人。前引陳獨秀所說「中國近來產業發達，人口集

---

38 Perry Link, *Mandarin Ducks and Butterflies: Popular Urban Fiction in Early Twentieth-Century China*, Berkeley and Los Angeles, 1980.

39 魯迅：《寫在〈墳〉後面》（1926年），《魯迅全集》（1），285頁。

中，白話文完全是應這個需要而發生而存在的」一段話，余師英時已用來對新文化運動的社會基礎進行了簡明的考察分析。[40] 若仔細觀察，陳獨秀所說白話文的社會背景，實際上就是指謂那些嚮往變成菁英的城鎮邊緣知識青年。[41] 以白話文運動為核心的文學革命，無疑適應了這些介於上層讀書人和不識字者之間、但又想上升到菁英層次的邊緣讀書人的需要。

像孔子一樣，胡適希望能夠向學的人都有走進上等社會的機會，所以他特別注重教育與社會需求的關聯。他剛從美國回來時就注意到：「如今中學堂畢業的人才，高又高不得，低又低不得，竟成了一種無能的遊民。這都由於學校裡所教的功課，和社會上的需要毫無關涉。」[42] 且不管胡適所說的原因是否對，他的確抓住了城市社會對此類中學生的需要有限這個關鍵。而高低都不合適，正是邊緣知識人兩難窘境的鮮明寫照。

自己也從基層奮鬥到上層的胡適，非常理解那種希望得到社會承認的心態。他後來說：「小孩子學一種文字，是為他們長大時用的；他們若知道社會的『上等人』全瞧不起那種文字，全不用那種文字來著書立說，也不用那種文字來求功名富貴，他們決不肯去學，他們學了就永遠走不進『上等』社會了！」[43]

所以他有意識地「告訴青年朋友們，說他們早已掌握了國語。這國語簡單到不用教就可學會的程度」。因為「白話文是有文法的，但

---

40 余英時：《中國近代思想史上的胡適》，25頁。

41 關於邊緣讀書人社群及其與新文化運動的關係，說詳羅志田《近代中國社會權勢的轉移：知識分子的邊緣化與邊緣知識分子的興起》，收入其《權勢轉移：近代中國的思想與社會（修訂版）》，北京：北京師範大學出版社，2014年，109-153頁。

42 胡適：《歸國雜感》，《新青年》，4卷1號（1918年1月），26頁。

43 胡適：《中國新文學大系・建設理論集導言》（1935年9月），《胡適全集》（12），271頁。

是這文法卻簡單、有理智而合乎邏輯，根本不受一般文法轉彎抹角的限制」，完全「可以無師自通」。簡言之，「學習白話文就根本不需要什麼進學校拜老師的」。實際上，「我們只要有勇氣，我們就可以使用它了」。[44]

這等於就是說，一個人只要會寫字並且膽子大，就能作文。這些邊緣讀書人在窮愁潦倒之際，忽聞有人提倡上流人也要做那白話文，恰是他們有能力與新舊上層菁英在同一起跑線競爭者。一夜之間，不降絲毫自尊就可躍居「上流」，得來全不費工夫，怎麼會不歡欣鼓舞而全力支持擁護！到「五四」學生運動後，小報小刊陡增，其作者和讀者大致都是這一社會階層的人。從社會層面看，新報刊也是就業機會，他們實際上是自己給自己創造出了「社會的需要」。白話文運動對這些人有多麼要緊，而他們的支持擁護會有多麼積極，都可以不言而喻了。

據鄧廣銘先生回憶，一九二三至一九二七年間他在濟南的山東第一師範念書時，參加了「書報介紹社」。該團體「主要是售書，但出售的都是新文化方面的書，如北邊的新潮社、北新書局、未名社，南方的創造社、光華書局出的書，我們都賣。我自己每天或隔一天利用業餘時間在校門口賣書兩點鐘」。這就是「新文學」的讀者群。鄧先生自己因此「對北大特別崇拜，特別嚮往」，最後終於輾轉考入北大念書。[45] 但這些趨新邊緣知識青年中未能考上大學的，當大有人在，他們當然支持白話文運動。

胡適曾指出，外界對文學革命的一個誤解，是他本人「發明了一種簡單化的中國語」（a simplified Chinese language）。不過這誤解其實

---

44 《胡適口述自傳》，166、163頁。

45 鄧廣銘：《我與胡適》，收在耿雲志主編：《胡適研究叢刊》，第1輯，北京：北京大學出版社，1995年，213頁。

只在「發明」二字。使中國語言「簡單化」，正是文學革命的主要力量之所在。如胡適自己所說：文學革命之所以能很容易取得成功，其「最重要的因素」就是「白話文本身的簡捷和易於教授」。[46]

胡適自己寫文章，素來「抱定一個宗旨，做文字必須要叫人懂得」；[47] 為此而改了又改，就是「要為讀者著想」。胡適關懷的不止是我自己是否懂，而且是「要讀者跟我的思慮走」。這樣努力使自己的文章「明白清楚」的結果是「淺顯」，而淺顯又適應了邊緣知識青年的需要。同時，與一般作者不同，他作文不是「只管自己的思想去寫」，而是「處處為讀者著想」。[48] 這樣一心一意從讀者角度出發的苦心，在民初思想接收者漸居主動地位時，也給胡適帶來了意想不到的正面回饋。

前已引述，胡適曾明確指出，文學革命就是要提高「大眾所酷好的小說」的地位；而看小說者的地位，當然也隨之升高。如今不僅讀者的地位提高，作者的門檻又大幅降低，能寫字者幾乎人人都可以成為「作家」。這樣的主張既然適應了近代社會變動產生出的這一大批邊緣知識人的需要，更因為反對支持的兩邊都熱烈參與投入，其能夠一呼百應（反對也是應）、不脛而走，就不足為奇了。

但邊緣知識人雖常常代大眾立言，卻並不是「大眾」本身。從接收者一面整體看，可以說，原有意面向「引車賣漿者流」的白話小說，只在上層菁英知識人和追隨他們的邊緣知識青年中流傳；而原被認為是為上層菁英分子說法的「文言」，卻在更低層但有閱讀能力的大眾中風行。

---

46 《胡適口述自傳》，137、154、166頁。注意胡適所說的「最重要」是數個並列，而不是通常的唯一之「最」。

47 胡適：《四十自述》（1931-1932年），《胡適全集》（18），71頁。

48 胡頌平編：《胡適之先生晚年談話錄》，北京：中國友誼出版公司，1993年，23、240、66頁；唐德剛：《胡適雜憶》，70頁。

　　這個極具弔詭意味的社會現象說明，胡適提出的「白話是活文學而文言是死文學」的思想觀念，其實不十分站得住腳。孔子說，我欲仁而斯仁至。那些關心「皇帝太妃」也歡迎梅蘭芳的「一般人」，因其本不嚮往新潮流，也就不怎麼感受到文學革命的「衝擊」，自然也就談不上什麼「反應」了。

　　這就揭示出，關於文學革命「成功」的認知，從新文化運動的當事人開始，就已有些迷思（myth）的成分。胡適等人在意識的一面雖然想的是大眾，在無意識的一面卻充滿菁英的關懷。文學革命實際是一場菁英氣十足的上層革命，故其效應也正在菁英分子和想上升到菁英的知識青年中間。新文化運動領路人在向著「與一般人生出交涉」這個取向發展的同時，已伏下與許多「一般人」疏離的趨向。這個現象在當時或尚隱伏，然其蛛絲螞跡也已開始顯露了。

　　　　　　　　　　原刊《社會科學研究》一九九六年五期

林紓的認同危機與民初的新舊之爭

　　一九一九年林紓與蔡元培的筆戰，是民國初年新舊之爭的一次象徵性事件。一般均認為此事是以蔡勝林敗為結局的，當然也就是新戰勝了舊。這個看法，最多只有一半對。從思想觀念的視角看，恐怕應該說是林勝了蔡。這並不是要標新立異。只要細看蔡元培對林紓的駁論，便可見蔡無非是——力駁北大並不存在林所指控的「錯誤」，卻甚少指出林氏的觀念本身有何不妥（詳後）。實際上蔡在駁林時，處處皆本林紓所提的觀點。此雖是論戰中常用的即以其人之道還治其人之身的方法，但爭論的一方若基本全用對方的觀點，而無自己的立論，等於就是承認對方的觀點基本是正確的。如此，則即使勝了戰鬥，也是輸了戰爭。

　　的確，林蔡之爭不僅凸顯了民初傳統的中斷與延續並存、新舊雜處而相互糾纏，你中有我、我中有你的複雜關係，以及由此而引起的思想界位置錯綜、角色倒置的現象，而且提示了民初的社會發展與思想演變的互動關係。我們的思想史和社會史研究，幾乎一直是各搞各的，互不越雷池一步。但過去對林蔡之爭勝負的認知，顯然已說明僅從思想史的角度考察，未必能得此事之全貌。倒是從社會史意義上看，蔡勝了林才確實代表新勝了舊。但恰恰在社會史意義上，蔡要勝林，其實根本不必論戰。因為蔡元培的「社會資格」，無論新舊，都非林紓所能比擬。可以說勝負在論爭之前就已「確定」了。本文試從思想史的社會層面著手，換個視角考察和詮釋林蔡之爭，以期能在社會的大框架裡為這一思想論爭定位，最終希望可以從一個小的側面增

進我們對近代中國的了解。[1]

　　林紓之所以在社會學意義上被戰敗，一個主要原因是他的個人身分有些尷尬。林是前清舉人，以功名論，不過小儒一個。後之成名主要靠兩端：一是古文做得好，被許多人認為是清季桐城文派的一個殿軍；一是大譯西人小說，流布甚廣。但在新舊不兩立的民國初年，這兩端本身已非十分和諧。林氏的認同危機，也正隱伏於此。

　　若論中國小說轉向以西方為本位的典範轉移（paradigm shift），林氏正是始作俑者。鄭振鐸在林紓去世的一九二四年指出，把西洋小說提高到可以與司馬遷的《史記》比肩的程度的，正是林紓。小說在中國由士人不屑的「小道」而被提上檯面，也是林氏的功勞。以前的文人寫小說，都不署真名。林紓雖以古文名世，譯小說卻肯署原名。概言之，「自他之後，中國文人，才有以小說家自命的」。[2] 也在同一年，林蔡新舊之爭事過已數載，心境已較為平和的新文化運動的主要人物胡適也曾下定語說：「林紓是介紹西洋近世文學的第一人。」[3]

　　我們只要看清季民初從梁啟超到魯迅都把小說提到改造國民性之最佳武器的高度，便可以想見林氏的影響有多大。胡適在晚年說起一九一五年他二十歲時寫《康南耳君傳》，「我那時還寫古文，……那時敘事文受了林琴南的影響。林琴南的翻譯小說我總看了上百部」。[4]

1　關於思想史的社會研究取向，參看Robert Darnton, "The Social History of Ideas," in idem, *The Kiss of Lamourette: Reflections in Cultural History,* New York, 1990, pp. 219-52. 嚴格按此取向進行研究，應先做大量的基層社會「重建」工作，非一篇小文所能為。本文則主要還是側重於論戰當事人這些精英人物。

2　鄭振鐸：《林琴南先生》，收在錢鍾書等：《林紓的翻譯》，北京：商務印書館，1981年，17頁。

3　胡適：《中國五十年來之文學》，《胡適文存二集》，上海：亞東圖書館，1924年，卷二，113頁。

4　胡頌平編：《胡適之先生晚年談話錄》（以下徑引書名），北京：中國友誼出版公司，1993年，280頁。

可知胡適自己至少到一九一五年時還頗受林紓的影響。兩年後他主動攻擊林氏，多少也有些反戈一擊的意味。

不僅如此，比胡適小約十餘歲的文學家巴金曾自述他年輕的時候，一部商務印書館的《說部叢書》打開了他的眼界：「他們好像給我準備了條件，讓我張開雙臂去迎接新的思想，迎接新的文化運動。」[5] 這部叢書內就有大量林氏的譯作。比巴金又年輕一些的錢鍾書也回憶說，林譯小說是他十一二歲（1920年前後）時的「大發現」，它們「帶領我進了一個新天地。一個在《水滸》、《西遊記》、《聊齋志異》以外另闢的新世界」。[6]

這些自白極有提示性。從這些成年晚年回憶所使用的詞彙看，林譯小說所造成的典範轉移是非常明顯的。進而言之，林紓不但直接幫助培養了胡適等新文化運動那一代人，而且也促成了後來他自己不能認同並要反對的趨新傾向。許多巴金那一代人或者就是在林譯小說的影響下認同和投入了新文化運動及其蕩漾的餘波。這樣一種弔詭性的現象，或非林紓始料所能及；但也為後來的研究者所基本忽視，卻是不應該的。

簡言之，從小說與思想學術變遷的層面看，不管他自己和新文化諸人是否承認，林紓可以說是個新人物。其實新文化人又何嘗不知道這一點，不過在論爭時不願承認罷了。一九二四年林紓去世後，那時已心平氣和且也有些「落伍」的胡適才開始給林氏正名，說林是十九世紀最後幾年因外患刺激而立志從事改革事業的「新人物裡的一個」。也就是說，「五、六年前的反動領袖在三十年前也曾做過社會改革的事業」。胡以為，「我們晚一輩的少年人只認得守舊的林琴南而不

5　巴金：《懷念二叔》，《聯合報・副刊》，1994年月24日。

6　錢鍾書：《林紓的翻譯》，收在前引同名文集，22頁。

知道當日的維新黨林琴南；只聽見林琴南老年反對白話文學，而不知林琴南壯年時曾做很通俗的白話詩，──這算不得公平的輿論。」[7]

這些話，特別是最後提出的「公平」，新文化人在幾年前是不會說的。胡適說此話雖略含自責的意味，但還是不夠乾脆。他自己看過上百部的林譯小說，寫敘事文頗受林氏影響這件事，就還要等差不多四十年後才肯說。然而，正因為胡適在說此話時自己也已經有些「落伍」即疏離於時代思想言說中心，其聽眾的廣泛就遠不如當年。結果新文化運動時的「反動領袖」這一身分認同就伴隨林紓到如今了。

從一個有志改革的維新黨到舊派的發言人，似乎是與清末民初的時代發展相適應的。因為大多數昔日的維新黨到新文化運動時期都已「落伍」而成守舊派了。但是，恰恰是在後來林氏公開認同的傳統範疇裡，一個只有舉人功名的小說家是沒有資格作士林代表的。兩者之間的距離實在太大了。從傳統「舊」觀念看，小說家者流決不能進入儒林正宗。胡適在一九二三年說：「小說向來受文士的輕視，但這幾十年中也漸漸得著了相當的承認。」[8] 胡適這裡說的「文士」應再加界定，因為純粹的「文士」本身也是受到儒林正宗輕視的，小說家又等而下之。而所謂漸漸得著了承認，也不過是那幾年才開始，決非幾十年間的事。

胡適和魯迅等人的一大努力，就是要為小說和小說家正名。用胡適的話說，就是要給小說以「現代學術榮譽」，也就是要「認定它們也是一項學術研究的主題，與傳統的經學、史學平起平坐」。[9] 在這

7　胡適：《林琴南先生的白話文》，轉引自胡頌平：《胡適之先生年譜長編初稿》（以下徑引書名），臺北：聯經出版公司，1990年修訂版，第2冊，579頁。

8　胡適：《日本譯〈中國五十年來之文學〉序》，《胡適文存二集》，卷二，213頁。

9　唐德剛譯注：《胡適口述自傳》（以下徑引書名），上海：華東師範大學出版社，1993年，230頁。

一點上，新文化諸人與林紓其實是相互配合的。小說得到社會的重視，與林氏的努力和成就分不開；但得到學界的承認，卻是新文化人努力的結果。從這個意義上看，新文化諸人不過是步林氏的後塵而發展之。唯他們在此同時卻把以譯小說而成名的林紓作為攻擊的對象，實是一個耐人尋味的弔詭性現象。進而言之，也只有在小說已可以與經學等正宗學科爭正統之時，小說家才有自信和可能出來代表傳統一邊立言。林紓能成為文學革命反對派的「領袖」，其實也是文學革命本身促成的。

　　若仔細考察，小說家林紓在士林地位的上升，正與二十世紀初年的尊西趨新的大勢相關，更與這一大趨勢的直接產物京師大學堂即後來的北京大學有直接的關聯。實際上，林氏一生事業轉折的契機，就是翻譯西方的小說。林紓一生事業的高潮，大約是出任京師大學堂的文科負責人。而他初與北大發生關係，恰是靠譯書成名，進了附屬北大的譯學館。林紓後來能由譯學館轉任教職，教授國文並終至文科兩教習之首，據說是靠了實際主持教學的桐城派大人物姚永概的提攜。早年京師大學堂的學生中不乏進士，林竟然能以舉人而任「首席教習」，固然因其作文能得桐城義法，但多少也借了破舊立新的光。

　　中國自從「文苑」與「儒林」分家以來，純文人不僅死後進不了《儒林傳》，生前也多不能為士林正宗的社交圈子所接受，更不可能在與「國子監」略同的京師大學堂裡位居正統士人之上。一個只有舉人功名且屬小說家者流的文人而能居士大夫之上，正是傳統已崩壞的典型表徵。林氏不僅自身參與了早年的「反傳統」，而且是傳統崩壞的直接受益者。

　　民國二年林紓被迫從北大辭職，是因為民國成立後北大文科漸為章太炎的弟子所據。從傳統的觀念看，太炎一支在學術上是以經學小學這樣的正統「儒林」學科為依歸，正所謂「根正苗紅」，遠非那時

在「詞章、義理、考據」三要素中基本只剩「詞章」一枝獨秀的桐城派所能比擬。太炎派因為過去身與革命，其入主北大或者借了民國代清這一「鼎革」大變的東風，但其在學術上實比在他們之前控制北大的「文選派」和「桐城派」更加合乎「傳統」，在某種程度上可以說是還更「舊」。同時，太炎派在北大因是後來的「爭正統」者，又挾革命者的心態和行為準則，對在他們之前的當權派「文選」和「桐城」二派，正有必鬥爭到底的氣概。[10]

太炎派之所以反桐城派最屬害，既因為桐城派曾一度「當權」，尚有影響，也隱含著「儒林」反擊「文苑」的消息。錢玄同說得最明白：八股試帖，已是人人都視為敲門磚，「沒有人當他一種學問看待」。至於「桐城派」和「選學家」，則人人「無不視為正當之文章」，已先後流毒數百年到千餘年。錢明確表示，對於它們，絕不能「瞎了眼睛，認他為一種與我異派之文章」，而用平等的方式與之論爭，只有用謾罵之法將其罵倒。[11] 桐城派既然餘威尚存，後入主北大者就不得不肅清其影響；雖要與之爭鬥，卻又不能視其為平等，故必出以謾罵。太炎派反桐城派，是革命也更正統的一派與以前當權而又不夠正統的一派爭奪思想領域（及其重要陣地北大）的控制權的鬥爭。故林紓的不得不辭職，恰是為傳統眼光中更「正統」的學派所迫。

---

10 文選派的情形比桐城派要更複雜。從歷史上看，桐城派宗韓柳的散文，是反對文選派的駢文的。而太炎一派最講究和擅長魏晉文章，與文選派本是「一條戰壕裡的戰友」。太炎在北大的一些弟子如黃侃也要講《文選》，唯不怎麼做四六駢體。故太炎派與文選派之爭，大約不僅要爭北大的正統，而且要爭魏晉文章的正統。若再細看，則或者也隱含著太炎派內部爭正統的消息——攻《文選》的錢玄同與講《文選》的黃侃本不相得。這個問題牽涉太廣，只有另文探討了。

11 錢玄同：《對「南豐基督教徒悔」來信的答覆》，《新青年》，4卷6號（1918年6月），627頁（卷頁）。

　　蔡元培入主以前的北京大學，早已是太炎門人的天下。蔡本人治校雖以兼容並包為宗旨，其實也不是完全兼容。就像他在答林紓的信中所說，他的兼容并包就不容納「達自然淘汰之運命者」。[12] 蔡是浙江人，曾與章太炎同創光復會；他在北大的一個重要根基其實就是後來為英美留學生所攻擊的「某籍某系」，也就是浙江籍的國文系教授；這些人大多留日，是太炎的弟子，未入章門者也多與太炎派有瓜葛。由於上述的原因，太炎派就最不容桐城派。故蔡在北大所聘的舊派教授雖不少，卻並不返聘桐城派之人，雖可認為是已將其視為「達自然淘汰之運命」了，其中也有更複雜的內外因素。

　　同樣，主張容忍比自由更難得的胡適也曾說：「任何事我都能容忍，只有愚蠢，我不能容忍。」[13] 講究民主的陳獨秀以為，「討論學理之自由，乃神聖自由也；倘對於毫無學理毫無常識之妄言」，就不能「濫用此神聖自由，致是非不明，真理隱晦」；對付之道，「唯有痛罵之一法」。[14]

　　問題在於，什麼是「達自然淘汰之運命者」、「愚蠢」和「毫無學理毫無常識之妄言」，並無一個懸在那裡的客觀標準。也就是說，蔡元培實際上可以不兼容任何他以為是已被自然淘汰者；胡適可以不容忍所有他認為是愚蠢的事物；而陳獨秀也可以痛罵一切他認為是毫無學理毫無常識之妄言。蔡、胡、陳等人與太炎派諸人一樣，都受過辛亥革命（含辛亥前的革命活動）的洗禮。在心態和行為準則上，或多或少都有些「革命氣味」。用胡適自己的話說，就是帶著「正義的火

12　此處及下面所引林、蔡往來信函及附件，均載高平叔編：《蔡元培全集》，第3卷，北京：中華書局，1984年，267-275頁。

13　《胡適之先生晚年談話錄》，220頁。

14　陳獨秀：《對「崇拜王敬軒先生者」來信的答覆》，《新青年》，4卷6號（1918年6月），628頁（卷頁）。

氣」。由於「認定自己的主張是絕對的是，而一切與我不同的見解都是錯的」，則「不容忍」和「摧殘異己」都是合乎邏輯的結果。[15]

故這一次的新舊之爭，在某種程度上也是辛亥革命前後爭奪對北大的控制以至全國的思想領導權這一大鬥爭的反映，及其進一步的發展。在此鬥爭之中，最「新」的新文化派和最「舊」的章太炎派之一部奇特地扭合在一起，而把他們結合起來的「因緣」大約就包括都曾因為傳統崩壞而出現的思想界空白時四出取經、共同的對手、以及都受過辛亥革命的洗禮等等。這正是連接辛亥革命和新文化運動的一條重要內在思想理路。新文化人在反對主張「復古」的言論中，有意無意間總要點出滿漢之別，最愛暗示那些人要復的「古」與滿清的關聯（強調其或者不是純粹的「古」，或者也不過是只有數百年的「古」），特別能體現辛亥革命者那種革命心態的痕跡。[16]

過去是因為舊的不好，所以要新；現在則反過來，為擁護新來的西方民主與科學，要反對幾乎一切的中國傳統。[17] 當然，如唐德剛先生所言：胡適等人外出取經所負的「使命」原來就是要「以西洋之長，以補中國之短」。他們「但見洋人之長，而未見其短，或諱言其短」，也是可以理解的。[18]

這樣看來，新文化人在此時強調破壞的一面，還應多從革命心態去理解。胡適自己曾說：「今日所謂有主義的革命，大都是向壁虛造一些革命的對象，然後高喊打倒那個自造的對象。」[19] 新文化運動的

---

15 胡適致蘇雪林，1961年10月10日，引在《胡適之先生年譜長編初稿》，第10冊，3768-3769頁。

16 這一點在周樹人、周作人兄弟的著述中最為明顯，舉目可見，茲不贅引。

17 參見陳獨秀在《本志罪案之答辯書》（《新青年》6卷1期）中所說的關於擁護德先生和賽先生而不得不反對的各項內容。

18 參見《胡適口述自傳》，43頁注4。

19 胡適：《我們走哪條路》，《胡適作品集》，臺北：遠流出版公司，1986年，第18冊，16頁。

文學革命，在某種程度上亦是如此。其所攻擊的八股、選學、桐城派，無一不是死老虎。胡適自己後來就承認，正是錢玄同提出的「選學妖孽」和「桐城謬種」兩句口號，「為文學革命找到了革命的對象」。[20] 錢氏並非文學革命的發起人，只是後起的響應支持者，而革命的對象卻由他來「找到」，這其間所透露出的消息，意味就十分深長了。

胡適所說的「找對象」，真是傳神之語。錢玄同在提出「選學妖孽」和「桐城謬種」兩句口號之時，即已指出：「得此輩多咒罵一聲，便是價值增加一分。」想要「找對象」的傾向甚明。後來「此輩」並不「咒罵」，頗使新青年同人掃興。魯迅在錢玄同約稿的要求裡即看出了「沒有人來反對」的「寂寞」。錢氏最終不得不自己化名出來咒罵自己，正是想要自增價值那種「找對象」情結的自然發展。[21]

蕭公權先生曾說，胡適在新文化運動時期「未能見到『孔家店』已無多少顧客，要打倒它，無異是打一死老虎」。[22] 這是蕭先生做學問太君子，所以被新文化人「欺之以方」了。若將錢、陳、胡的話聯繫起來看，則立新必須破舊，革命要有對象，哪裡還管老虎是死是活呢？

「五四」之時中國傳統早已被破壞得四分五裂，所以才有黃遠庸所謂「篤舊者高揚復古之幟」的現象。[23] 但舊派雖主復古，卻甚少像新派一樣進攻。就個人而言，直到新文化運動前，林紓只是一個半新

---

20 《胡適口述自傳》，153頁。

21 錢玄同自署名的「通信・致獨秀」及化名王敬軒的《文學革命之反響》，《新青年》，2卷6號（1917年2月），12頁（欄頁）；4卷3號（1918年3月），265-268頁（卷頁）；魯迅：《吶喊・自序》，《魯迅全集》，北京：人民文學出版社，1981年，第1卷，419頁。

22 蕭公權：《康有為思想研究》，臺北：聯經出版公司，1988年中譯本，374頁。

23 黃遠庸：《新舊思想之衝突》，收在《黃遠生遺著》，臺北：文海出版社影印上海1938年增訂本，卷一，120頁。

半舊的人物，恐怕新的色彩還略濃一些。從完全功利的觀念看，新文
化運動使北大的太炎派一分為二，林氏或應該暗喜。故林氏對北大的
新文化派，初無進攻之意。

胡適的《文學改良芻議》出來後，林紓敏感地察覺到「古系之
絕」即傳統中斷的危險，寫文章主張中國的古文不宜廢。林氏確不欣
賞新派，以為他們不過名詞新而「學不新」。他也知道，在這「新學
始昌」之時，桐城文章已無「濟於用」。但作為一種「藝術」，古文仍
值得保留。有意思的是林紓用來支持自己主張的論據，一是西人並不
廢拉丁文，一是日本也不拋棄傳統。[24] 可見即使所謂「守舊派」，其
立論之依據已全是外來的。西潮的力量於此可以概見，而林氏的認同
危機也已經若隱若現。

林紓此時的主張，尚頗溫和。倒是章太炎的弟子錢玄同不忘舊
惡，從一九一七年起就既攻擊桐城派，更直接向林紓挑戰。錢氏在
《新青年》上撰文，先大罵所謂「桐城鉅子，能作散文」，其實也不
過是做高等或變形的八股。繼而說這些人「自名典瞻大雅，鄙夷戲曲
小說，以為猥俗不登大雅之堂」；但號稱「大文豪」的林紓則一面專以
《聊齋》文筆與人對譯歐西小說，「一面又欲引韓〔愈〕柳〔宗元〕以
自重。此其價值，又在桐城派之下」。[25] 說來說去，就是要揭出林氏
認同的尷尬：《聊齋》文筆也好，歐西小說也好，都是不登大雅之堂的
小說家者流。但錢氏連林紓為桐城派中人也不予承認，也並非無因。

林氏身分認同的尷尬是多層面的，其間的情形相當曲折。首先，

---

24 林紓：《論古文之不宜廢》，原刊上海《民國日報》，1917年2月8日，胡適同年4月7
　日的日記全文抄錄此文。本文引用的胡適日記為上海亞東圖書館1939年的《藏暉室
　札記》和臺北遠流出版公司1989-1990年的《胡適的日記（手稿本）》，以下只引日
　期，不再注明卷冊。

25 錢玄同：「通信‧致獨秀」，《新青年》，3卷1號（1917年3月），3-6頁（欄頁）。

這與林譯小說自身的功用正在發生變化是相關聯的。張恨水兩讀林譯小說的經歷就極有象徵意義：張氏在新文化運動發生前幾年開始看翻譯小說，「從林譯小說學到許多描寫手法」；到新文化運動高潮已過時，張氏受朋友的影響而致力古文，「我家裡有許多林譯小說，都拿出來仔細研究一番」。[26] 不過幾年間，林譯小說的作用已由新轉舊，從引進西方「描寫手法」的範本一變而為古文的範本了。功能作用既然在變，林譯小說的生產者和載體林紓本人的身分認同在「小說家」和「古文家」之間游移，亦良有以也。

　　二十世紀三〇年代錢鍾書曾與陳衍談起他對外國文學的興趣是因林譯小說而起。昔年也曾游移於中西之間的石遺老人當即指出：「這事做顛倒了。琴南如果知道，未必高興。你讀了他的翻譯，應該進而學他的古文。怎麼反而嚮往外國了？琴南豈不是『為淵驅魚』麼？」在三〇年代，林譯小說或已更多被視為古文範本了。陳衍能知林譯小說還不是林的「古文」，只是通往其古文的路徑，已屬不易。但林氏既然曾將小說與班、馬文章並論，那「為淵驅魚」，至少部分是有意的。陳衍也未必全知林紓。[27]

　　錢先生在下了一番深入功夫後，發現林紓的確「不樂意人家稱他為『譯才』」，而寧取古文家這一認同。不過錢先生還有一個重要發現，卻較少為人所注意：林紓之所以如此，是因為他根本不視其翻譯為「古文」。林氏對其古文自視極高，曾在給李宣龔的信中說：「六百年中，〔歸〕震川外無一人敢當我。」所以林氏譯書，據說是下筆千

26　張恨水：《我的寫作生涯》，成都：四川人民出版社，1981年，11，25頁。

27　本段及下兩段材料，皆本錢鍾書：《林紓的翻譯》，47-52頁。按陳衍治學觀念比林紓更傳統，他認為治學須根柢經史，而林紓經史小學不足，「不免空疏之譏」，在京師大學堂任教時常鬧笑話。錢鍾書記：《石語》，《中國文化》，第13期（1996年6月），1-3頁。

言而不輟，但寫古文時就不得不停下來仔細斟酌，輕重可見。翻譯文字既然非林所重，當然也就不會引此為認同。換言之，一般人所謂林紓以古文譯小說，大多是指與白話文相對的「古文」；而林氏自謂的「古文」，卻是有特定指謂的。

　　但是問題就出在這裡。博學而又心細如錢先生者，並世能有幾人？石遺老人已不能完全知林，其餘可以想見。林紓自己雖取古文家的認同，而世人卻多以小說家視之。康有為曾詩贈林紓，有「譯才並世數嚴林」一句。結果嚴復和林紓都極不高興。世人說到翻譯西書，每以二人並提；而且兩人似乎也都與桐城宗師吳汝倫有些淵源。其實他們二位並不很相得。嚴復是少數能將林紓的古文與林譯小說區別對待的「知音」，但其區別的動機，或未必如林氏所希望。蓋嚴是自詡譯才的，卻不能承認林也為譯才，因為林根本不識外文。其實林本來也不想要「譯才」這個暗示著小說家的認同。康有為不過說句老實話，竟然兩個人都得罪，殊非始料所及。而林氏認同的確尷尬，也由此可見。

　　另一方面，林紓雖不喜歡小說家的認同，他下意識中有時仍跳不出小說家的心路。余英時師注意到，正是在這次論爭中，嚴復和林紓對上層文化和通俗文化的分野就頗不一樣。嚴復仍將《水滸傳》、《紅樓夢》一類小說列在通俗文化之內，而林紓就試圖將此二書納入上層文化的範圍。晚明以來，因王學提倡個性解放，士人中已出現將通俗文化的一些東西與士大夫文化並提的趨勢。林氏所為，固然是沿著此一內在理路的發展，[28] 但其小說家的心態恐怕也在不知不覺中起了作用。

　　進而言之，林紓一方面自視為歸有光以來做古文的第一人，另一

---

28 說詳余英時：《中國近代思想史上的胡適》，收《胡適之先生年譜長編初稿》，第1
　　冊，27-28頁。

方面又廣譯歐西小說，這兩點恐怕都是正統桐城派所不能欣賞的。陳獨秀曾說，桐城宗師吳汝綸以前就說過林氏「只能譯小說，不能作古文。現在桐城派古文正宗馬（其昶？）先生，也看不起他這種野狐禪的古文家」。[29] 這話並非信口開河。一般都說林紓出於吳汝綸門下，其實是誤傳。林自視本高，曾明說他雖然「服膺（姚）惜抱」，卻「生平未嘗言派」。後來之所以成為「桐城護法」，是因為進入北大曾得姚永概提拔。劉聲木所撰《桐城文學淵源考》，收錄一千二百餘人，卻不錄林紓之名。則吳門對林紓有不佳的看法，信非虛言。新文化人將林紓列入桐城另冊，確有所本。林大約也無所謂。[30] 且他是前輩，故此時仍頗剋制。對陳獨秀的人身攻擊，也未進行反擊。

可是新文化諸人並不放過他。讀過一百多本林譯小說的胡適旋又出面，指出林紓那篇主張古文不宜廢的文章，其本身的古文就做得不通。這真是打蛇打七寸，直往要害處進攻。林紓在論古文不宜廢時，曾老實地說「吾識其理，乃不能道其所以然」。胡適據此指出，「古文家作文，全由熟讀他人之文，得其聲調口吻。讀之爛熟，久之亦能仿傚，卻實不明其『所以然』也」。[31] 胡或以為這是古文家不通處，殊不知桐城派學習作文，本主張「有所法而後能，有所變而後大」。由爛熟而能仿傚，就是前一階段。林紓雖被視為桐城派的殿軍，或者還未達後一層次，「能」而不「大」，也就說不出什麼「所以然」來，這或許是桐城派式微的主要內因。

29 陳獨秀：「答臧玉海通信」，《新青年》，7卷3號（1920年2月），147頁（號頁）。

30 林紓語轉引自錢基博：《現代中國文學史》，臺北：文海出版公司影印，1936年增訂版，172頁，並參見164-177頁；劉聲木：《桐城文學淵源撰述考》，合肥：黃山書社，1989年。錢鍾書注意到，林紓晚年在古文界地位甚高後，似亦不願居桐城派門下，故其書中甚至「極詆桐城派」。參錢鍾書為其所記陳衍《石語》所作按語，《中國文化》第13期，3頁。

31 胡適：「通信・致獨秀」，《新青年》，3卷3號（1917年5月），4頁（欄頁）。

　　但林氏只是桐城派以至「古文」的一個載體。據新文化人的觀念，載體的高明與否，不應累及其所載之體以至所載之道。陳獨秀在一九二〇年說，當時白話詩文品質不高，是因作者「藝術不精」和「真的白話文學年月還淺」，與「白話文體本身沒有關係」。[32] 但是他們卻不能用同理來對待「古文」，多半也是其「正義的火氣」太甚的緣故。

　　即使這樣，林紓仍保持沉默。新文化人乃不得不由錢玄同和劉半農演出一場「王敬軒雙簧」，自罵自答。而兩文的核心，仍集中於林紓的認同危機。劉半農說，林紓以唐代小說之神韻翻譯外洋小說，是其能成為「大文豪」的根本，但也「實在是林先生最大的病根」。新文化諸人「始終只承認他為『閒書』，而不承認他為有文學意味者，也便是為了這件事」。劉氏明白指出，若林只自居小說家認同，則以「看『閒書』的眼光去看他，亦尚在不必攻擊之列」；還可承認他所譯之書，有其高明處。[33] 但林既然思出其位，以小說家而思為道統之代表，就不能放過他了。

　　在此情形下，林氏若再不應戰，實難再有立足之地。林紓本小說家，最自然的反應當然是以小說影射陳、錢、胡、蔡等人。這就是已廣為引述的小說《荊生》和《妖夢》。林紓在後者中以一個叫「元緒」的人物影射了蔡，結果引起新文化人的大怒。《每周評論》（1919年3月30日）刊文指出：「這竟是拖鼻涕的野小孩在人家大門上畫烏龜的行徑了」；言下之意，根本不承認林與蔡在同一等級。值得注意的是，此文以下連續使用「該舉人」來作為林紓的身分認同，直以罵人

---

32 陳獨秀：《我們為什麼要做白話文？》，任建樹等編：《陳獨秀著作選》，上海：人民出版社，1993年，第2卷，104頁。

33 王敬軒：《文學革命之反響》及劉半農答書，《新青年》，4卷3號（1918年3月），265-285頁（卷頁）。

口吻教訓林氏。「舉人」既然敢「犯上」而攻擊到「翰林」，就是自居不知身分之別的「野小孩」，故教訓一下也無妨。後來陳獨秀說林紓學問文章不及孟子、韓愈，卻偏要學他們闢楊墨、闢佛老，只算是「婢學夫人」。[34]「野小孩」與「婢」，都是等級社會中上不得檯面的人，新文化人的舊等級觀念之強，於此可見一斑。

林紓在寄出小說《妖夢》後，收到蔡元培來信，代趙體孟請林氏為明遺老劉應秋著作品題。林頗後悔其攻擊蔡，曾試圖收回《妖夢》，已來不及。只得再正式具函，出面反擊新文化運動，以示其完整一致（如果隻影射而不敢正式出頭，就更失身分）。此時林紓雖明知新文化諸人背後就是蔡元培，卻不便再公然討蔡，只能說蔡手下的人不對。一則蔡個人未曾得罪林，而林在禮數上先已失據；但更重要的是，以林所持的舊派立場，蔡為前清翰林，而林不過舉人，無論自以為文章學問有多高明，相去實在太遠。林紓當然也知道這一點大不利處，故其來書一開始便點明「今公為民國宣力，弟仍清室舉人」。林紓本來並不十分認同於清廷，觀其在民國三年出版的小說《金陵秋》，可知他對反清革命，實際也是同情的。但此時只有以舊朝遺民對新國官吏，庶幾可相抗衡。

蔡當然明白林的言外之意，故表面上迴避這一點，卻抓住林的認同危機，反過來標舉林氏對北大的厚愛。因為林之去北大，並非在鼎革之際辭職以殉清，而是到民國二年始因太炎派的壓迫而離去，實際上也曾「為民國宣力」，其先朝遺民的自我認同並不穩當。陳獨秀不久即將此點破，他引真正的遺老梁鼎芬的話說，已食民國之「祿」的前朝官吏老儒，「還要厚著臉學我們談綱常名教」，不免使人肉麻。[35]

---

34 陳獨秀：《婢學夫人》，《陳獨秀著作選》，第1卷，516頁。
35 陳獨秀：《更加肉麻》，《陳獨秀著作選》，第1卷，513頁。

更有意思的是，蔡元培在答書中全不提應該尊新，卻處處暗示林的舊學不足。林紓說北大有人學袁枚講父母對於子女本無恩義，初不過自感情慾。蔡則教導他這話本出自《後漢書‧孔融傳》。林既引證不古，舉人之不如翰林處頓顯。文苑之人何能在儒林之士面前掉書袋，林氏已難有發言權。蔡更循錢玄同的故智，指出林氏雖在各處大講古文和倫理學，其所譯小說則多有「狎妓、姦通」之事，不無暗示林既為小說家者流，哪裡有什麼資格四處講古文，使林無立足之地（而倫理學當然也非林之所長，蔡卻是出版過倫理學教科書的）。

最能表現林紓認同危機的，是正統的舊派也不認同於林。《公言報》在刊登林氏書信的同時，還刊出一文作為附錄，論述北大新舊派之爭。其中說到北大以劉師培為首的舊派，也基本屬於取桐城派而代之的章太炎派，他們也不把桐城派人放在眼裡；但林紓等兩害相權取其輕，反覺與此派能接近。劉師培立即致函《公言報》，指出該文章所述「多與事實不合」；並表明他只是要保存國粹，實無意與新派爭勝。劉入北大，正是為蔡元培所「兼容」；該派所出版的《國故》，蔡也曾比照《新潮》之例，予以資助。既已在兼容之列，自無爭的必要。這裡顯然是要與小說家林紓劃清界限，當然也不承認林有資格為「舊派」的代言人。儘管受劉影響的《國故》雜誌成立於林紓向蔡元培挑戰的約略同時，給人以雙方似在協作的印象，《國故》派卻明確表示不能認同於林紓。[36] 正宗傳統派這樣的釜底抽薪，對林的實際打擊，恐怕比新派的直接進攻還更致命。

新文化諸人對林紓從一開始的主動攻擊和後來的駁辯，都一直抓住林紓的認同危機即舊派資格不夠這一主線。錢、陳、胡、蔡所著意

---

36 《北京大學日刊》，1919年3月24日，6版。參見蕭超然：《北京大學與五四運動》，北京：北京大學出版社，1986年，162頁。

的，無不在此。陳獨秀說，林懷恨《新青年》，是因為其反對舊文學；「其實林琴南所作的筆記和所譯的小說，在真正舊文學家看起來，也就不舊不雅了」。他私下說得還要直接：像林紓這樣「冒充古文家的老頭兒」，要「當做保守派、當做舊的，來和我們對抗，我說句不客氣的話，恐怕有點不配」。[37] 陳是只有秀才功名的，在這一點上還不如林；但陳在文字音韻等小學功夫上頗有心得，在治學上是屬於儒林一路，所以自覺還可以教訓一下林氏。

胡適在早年已說林紓攻擊新思潮，「未免不知分量」。晚年回顧文學革命之所以比較容易成功時，列出的第一個因素就是「那時的反對派實在太差了」。胡給反對派的「主要領導人」林紓所下的身分認同是「著名的翻譯大師」。他以為，這實在只是一個「不堪一擊的反對派」。[38] 可知林紓的舊派資格不夠，是新文化諸人歷久不衰的共同認知。

新舊兩派都不同程度地把林紓排拒在小至桐城派而大到「舊派」之外這個事實，是有著決定性影響的。林紓自己最後也認識到他的認同危機，不得不公開致信各報，承認他以小說影射罵人是不對的。陳獨秀對此曾表示佩服，但陳也指出，林並未講清他衛道和擁護古文的理由，亦即還未在這些方面認錯。[39] 其實林之認錯恐怕正是為了自我疏離於其小說家的認同，從而可以更名正言順地衛道和擁護古文。但一般人或者未必能領會林氏這一層苦心。

林紓既然認錯，不管認的是哪一部分，在別人眼裡已是自認失敗。鄭振鐸說，這次爭論之後，在一般青年看來，林紓「在中國文壇

---

37 陳獨秀：《關於北京大學的謠言》，《陳獨秀著作選》，第1卷，505頁；陳獨秀致胡適信，轉引自周天度：《蔡元培傳》，北京：人民出版社，1984年，156頁。

38 胡適：《中國五十年來之文學》，102頁；《胡適口述自傳》，165頁。

39 陳獨秀：《林琴南很可佩服》，《陳獨秀著作選》，第1卷，518頁。

上的地位已完全動搖了」。鄭想要給林氏「平反」，於是指出林的「主張」雖然失敗，但不能「完全推倒他的在文壇上的地位」。[40] 實際上，林的失敗恰是在「地位」上而不是在「主張」上。蔡元培的答書集中在否認北大存在林所指責的「覆孔孟，鏟倫常」和「盡廢古書，行用土語為文字」兩點上，但蔡絲毫沒有提到林的觀念本身有何不妥。實際上，假如蔡的辯駁是成立的，則北大所為正是在林所希望的方向上，只是程度還不夠罷了。所以，如果從觀念上看，應該說是林紓的主張取勝才對。

故林紓未能取勝的原因，應往別處探尋。民國初年新舊雜陳，本是新中有舊，舊中有新。林紓的身分認同先有些尷尬，新文化諸人更連其為舊派都不承認，則林氏提出的觀念尚未知成敗，林本人卻因舊派資格不夠而先失答辯之餘地。而且，一回到舊的標準，則小說家者流的地位原也不比林氏所看不起的「引車賣漿者流」高到哪裡去，林氏又能有多少發言權呢！

林既「失敗」，最直接的影響即是林譯小說漸漸不那麼受歡迎。專出林譯小說的商務印書館在那時已開始覺林紓「來稿太多」。[41] 但林紓個人的失敗，未必能體現主張白話之文學革命的勝利。張恨水同樣用文言寫小說而能在新文化運動之後廣泛流行，而且張氏寫的恰是面向下層的通俗小說，很能說明這場新舊之爭的「勝負」，其實還應做進一步分析。原有意面向「引車賣漿者流」的白話小說，實際在上層知識菁英和追隨他們的邊緣知識青年中流傳；而原被認為是為上層菁英說法的文言，卻在更低層但有閱讀能力的大眾中風行，這個極具弔詭意味的社會現象說明，胡適提出的「白話是活文學而文言是死文

---

40 鄭振鐸：《林琴南先生》，1頁。
41 《張元濟日記》，1917年6月12日，上海：商務印書館，1981年，233頁。

學」的思想觀念，其實是不十分站得住腳的（詳另文）。

民初的菁英意識，並不止是嚮往西方。魯迅曾說，「菲薄古書的，惟讀過古書者最有力」；而「表面上毀滅禮教者，實則倒是承認禮教、太相信禮教」。[42] 新文化諸人對「舊派」資格的高要求，提示著他們在安身立命之處，實則也是很舊的。胡適曾說南社人的詩尚不如鄭孝胥、陳三立的詩，南社人柳亞子就反說胡雖「自名新人」，所論「猶是以資格論人之積習」。正如傅斯年對胡適所說：「我們思想新信仰新；我們在思想方面完全是西洋化了；但在安身立命之處，我們仍舊是傳統的中國人。」[43]

胡適、傅斯年如此，陳獨秀亦然。他自己就曾歎謂：「適之說我是一個終身反對派，實是如此；然非我故意如此，乃事實迫我不得不如此也！」[44] 前引他所說的幾個「不得不」，都屬於這個總的「不得不」的組成部分，都分明告訴我們他那種忍痛割愛的矛盾心態——為了更新更美的未來，過去的一切都可割捨。

而且，新文化諸人不僅在安身立命之處頗為傳統，其激烈反傳統也是遵循一種從康有為、梁啟超等人一脈相傳下來的「取法乎上，欲得其中」的取向。梁啟超在清季曾說：「如欲導民以變法也，則不可不駭之以革命。當革命論起，則並民權亦不暇駭，而變法無論矣。……大抵所駭者過兩級，然後所習者乃適得其宜。」[45]

陳獨秀、胡適、魯迅的思路與此如出一轍。陳在論及社會進化的

---

42 魯迅：《古書與白話》及《魏晉風度及文章與藥及酒之關係》，《魯迅全集》，第3卷，214、513頁。余英時師已注意及此，見其《五四運動與中國傳統》，收入其《現代危機與思想人物》，北京：生活·讀書·新知三聯書店，2005年，66頁。

43 柳、傅之言分別轉引自胡適日記，1917年6月27日，1929年4月27日。

44 轉引自曹聚仁：《我與我的世界》，北京：生活·讀書·新知三聯書店，1983年，323頁。

45 梁啟超：《敬告我同業諸君》，張枬、王忍之編：《辛亥革命前十年間時論選集》，北京：生活·讀書·新知三聯書店，1960年，卷一上，221頁。

惰性作用時說：「改新的主張十分，社會惰性當初只能承認三分，最後自然的結果是五分。」如一開始只主張五分，結果只能得二分五，中國社會進化就白受二分五的損失。[46] 胡適自述其之所以「主張全盤西化」，是因為「文化自有一種『惰性』。全盤西化的結果自然會有一種折衷的傾向」。中國人只有去「努力全盤接受這個新世界的新文明」；而「舊文化的惰性，自然會使他成為一個折衷調和的中國本位新文化。……古人說，取法乎上，僅得其中；取法乎中，風斯下矣。這是最可玩味的真理。我們不妨拼命走極端，文化的惰性自然會把我們拖向折衷調和上去」。[47] 魯迅亦然。他曾說：「中國人的性情是總喜歡調和、折中的。譬如你說，這屋子太暗，須在這裡開一個窗，大家一定不允許的。但如果你主張拆掉這屋頂，他們就會來調和，願意開窗了。」[48]「走極端」而加以「拼命」，反起傳統來怎能不激進。

　　新文化人對林紓的攻擊，也是遵循這一取向的。攻林最力的錢玄同在一九二一年七月二十八日致胡適的信，就很能代表這些新人物內心的想法。錢以為，《三國演義》的用處即在高小學生「讀過幾部今語體小說之後，即可看此書，以為漸漸看古語體書之用」。他所擬今後學生看書由今至古的程序是：第一、二步是讀不同程度的國語課本；第三步是「讀語體小說，不論新舊，但須有文學的價值者」。第四步是「讀《三國演義》，以為由今語入古語底媒介」。然後可看梁啟超、胡適等當代人的文言文，最後則「大概可以讀〔桐城〕『謬種』諸公……之文了」。[49]

---

46 陳獨秀：《調和論與舊道德》，《陳獨秀著作選》，第2卷，46頁。

47 胡適：《編輯後記》，《獨立評論》，142號（1935年3月17日），24頁。

48 魯迅：《無聲的中國》，《魯迅全集》，第4卷，13-14頁。

49 錢玄同致胡適，1921年7月28日，顏振吾編：《胡適研究叢錄》，北京：生活・讀書・新知三聯書店，1989年，238頁。

可見錢氏內心中還是把林紓的古文看得甚高。這最能體現新文化諸人反桐城派不過是要過二級故意激進，以得實際低二級的效果。[50]其最後的目的，還是要使學生能讀古書，以繼承中國的傳統。這種苦心，人每不知，他們也不一定要人知。但後來的研究者也不知，說他們真反古文，或就有些厚誣前輩了。魯迅曾說，不讀中國舊書，最多不過不會寫文章。可知他認為要寫好文章，正應看中國書。只是他們覺得當時中國的急務是「行」而不是「言」，即要以西洋之長，以補中國之短，能否做文章是次要的，所以才有不讀中國書的說法。[51]

新文化諸人的激進既然存在著有意為之的成分，其所認知的傳統的壓迫，恐怕就更多是一種假想（imaginary）型的。這一次的文言白話之爭，反對白話一邊領頭的竟是專譯西人小說的林紓，就是明證。但新文化人這種假想也非完全無因，其自信不足或也是一個因素。當時所有的新派，都甚為注意林紓在小說中對「偉丈夫」的期盼。在林氏個人，或不過是失意之餘，藉以發洩；真要有所動作，恰不必宣示。但新文化人則看出了舊派想借用政治外力的「真實」暗示。

平心而論，當時各派恐怕都沒有那麼清純。對於北大這個重要的文化陣地，都不乏有意識的爭奪之心。蔡元培的不「兼容」桐城派於北大，其實已經援用了超思想超文學的力量，並未給林紓等以平等競爭的條件。林紓在信中說蔡「憑位分勢力而施趨怪走奇之教育」，正是對此有感而發。雙方既存爭奪之心，自信又都不十分足，真想借用外力或無意中流露出這樣的念頭、一旦出現而又特別關注，都是合乎邏輯的發展。

---

50 瞿秋白多年後還說，錢玄同當時對《三國演義》表述方式的肯定，是「開倒車」。瞿秋白：《〈魯迅雜感選集〉序言》（1933年），《瞿秋白文集・文學編》，第3卷，北京：人民文學出版社，1989年，104頁。

51 魯迅：《青年必讀書》，《魯迅全集》，第3卷，12頁。

　　另一方面，我所關心的問題是，舊派的主流為什麼要保持沉默？主張天演論的嚴復以為：「此事全屬天演。革命時代學說萬千，然而施之人間，憂者自存，劣者自敗，雖千陳獨秀萬胡適、錢玄同，豈能執其柄？則亦如春鳥秋蟲，聽其自鳴自止可也。林琴南輩與之較論，亦可笑也。」實際上，問題恐怕沒有那麼簡單。觀其在一年後所說：「旦暮入地，睹茲世運，惟有傷心無窮而已，」[52] 就知這一基於天演的樂觀，多少也有些「強不說愁」的意味。

　　的確，新文化運動的一個重要時代意義，就在於其迫使所有的中國士人對中國傳統（雖然當時並不用這個詞）進行全面的反思。不論新派舊派，都必須面對中國在世界上日益邊緣化（中國在士人的心目中經過了一個從世界的中心到世界的一個組成部分再到世界的邊緣的歷程）這一不容忽視的事實。[53] 新舊兩邊實際上都想要找到重新回到中央、或至少是達到與西方平等的地位這樣一條路徑。這是中國最根本的問題，兩派的認識其實並無大的分歧；其對中國傳統的詮釋雖然各異，取向也不相同，但正如傅增湘所說，不論是「改弦更張」還是「匡掖廢墜」，「趨途雖殊，用心則一」，[54] 都是從這個根本的考慮和最終的意圖出發的。

　　新派反傳統而主尊西，是基於對「中國學問有何能救國於目前」這一問題的負面回答。[55] 舊派實際上也提不出一個正面肯定的回答，其心中的想法與新派實相近而又說不出口；因為他們知道，如果丟棄

---

52 嚴復：《與熊純如書》，1919年7月、1920年7月，《嚴復集》，王栻編，北京：中華書局，1986年，第3冊，699、708頁。其第二封信中所說的「世運」，主要是指政治，但也代表嚴復此時總的心境。

53 參見Ying-shih Yu, "The Radicalization of China in the Twentieth Century," *Daedalus*, 122:2 (Spring 1993), pp. 125-50.

54 傅增湘致蔡元培，1919年3月26日，《蔡元培全集》，第3卷，286頁。

55 說詳羅志田：《西潮與近代中國思想演變再思》，《近代史研究》，1995年3期。

傳統，則人心更不可收拾。於是除了沉默地堅持，沒有別的辦法。正如胡適的好友許怡蓀眼中高臥南陽的諸葛亮：「誠知愛莫能助，不如存養待時而動。」[56]

　　清季以還不同時段的各種所謂舊派，其對問題的認知與各種新派實相近，而對新派的各種解決方法卻又不能苟同。梁啟超後來說，他診斷中國之病與共產黨人是「同一的『脈論』」，但又確信中國之病「非共產那劑藥所能醫」。他雖自稱有治病的良方，實際上卻又提不出來。[57] 這最能代表各時期的「舊派」那種所慮者遠而當下無策的無奈心態。林紓當時自謂的知其然而不知其所以然，從這個層面看，尤其是老實話。

　　胡適曾終生取笑林紓的不知其所以然。但胡適等人提出的解決辦法，其實也同樣太計及長遠而失之簡單空疏，無法與再年輕一輩人所嚮往——且為蘇俄革命成功的榜樣所支持——而理論又成體系的馬克思主義競爭。郭沫若一學到馬克思主義那種框架完整、解釋明確的社會發展理論，就毫不猶豫地指出胡適過去的研究也是只「知其然」，而他則要「知其所以然」。[58] 不同意馬克思主義解釋的梁漱溟在這一點上與郭類似，也指出胡適對中國社會未能提出系統和具體的論斷。[59] 林紓是自認知其然而不知其所以然；胡適的自信超過林氏，以為他已能知其所以然；但比胡更激進也更「新」的郭氏卻主動置胡適於當年林紓類似的位置，這大約就非胡適始料所能及了。近代以來中

56　引自胡適日記，1914年12月9日。

57　梁啟超：《給孩子們的信》，1927年5月5日，收在丁文江、趙豐田編：《梁啟超年譜長編》，上海：上海人民出版社，1983年，1131頁。

58　郭沫若：《中國古代社會研究・自序》，《郭沫若全集・歷史編》，第1卷，北京：人民出版社，1982年，7頁。

59　余英時先生對此有精到的分析。參見其《中國近代思想史上的胡適》，《胡適之先生年譜長編初稿》，第1冊，53-57頁。

國思想界的激進化，的確是日新月異！

汪叔潛在一九一五年《青年》（即《新青年》）的第一卷上，已指出當時的中國「上自國家，下及社會，無事無物，不呈新舊之二象」。但新舊的界限又極不明顯：「舊人物也，彼之口頭言論，則全襲乎新；自號為新人物也，彼之思想方法，終不離乎舊。」[60] 李大釗在一九一八年也說：「中國人今日的生活全是矛盾生活，中國今日的現象全是矛盾現象。」矛盾之所在，就是「新舊不調和」；而矛盾的原因，則為「新舊的性質相差太遠，活動又相鄰太近」。[61] 汪以為「新舊二者，絕對不能兼容」，故他極力要打破「舊者不肯自承為舊，新者亦不知所以為新」的曖昧現象。李以為新舊如車之兩輪、鳥之兩翼，是宇宙進化的機軸。他大約是新文化主要人物中唯一一個主張新舊調和的──當然是新包容舊的「代謝」式的調和。兩人的觀察，很能抓住新舊雜陳這一時代特徵。而且他們也都試圖提出解決這一矛盾的選擇。

這個問題，論者多已涉及，但現存的詮釋似乎還嫌簡約。民初新舊的「性質」，確有相差甚遠的一面，但也有相差不遠的一面。在意識的層面，新舊的確對立；在下意識的層面，新舊間毋寧說共同處尚多。林紓在一九一九年給蔡元培的信中曾攻擊新文學是「學不新，而唯詞之新」。到次年九月，胡適在北大的開學演講《普及與提高》中，也說新文化運動已流為「新名詞運動」，說明胡適其實相當認同其論敵的觀點。[62]

到一九二〇年底，陳獨秀在《新青年》上寫了一篇《提高與普及》的短文，似乎不太同意胡適關於北大學生應側重「提高」的觀念；但他在學生水準一點上，與胡的意見並無兩樣。陳以為：蔡元培

---

60 汪叔潛：《新舊問題》，《青年》，1卷1號（1915年9月），1-2頁（文頁）。

61 李大釗：《新的！舊的！》，《李大釗選集》，北京：人民出版社，1959年，97-100頁。

62 參見耿雲志：《胡適年譜》，成都：四川人民出版社，1989年，88頁。

長北大後，「理科方面並不比從前發展，文科方面號稱發展一點，其實也是假的，因為沒有基礎學的緣故。沒有基礎學又不能讀西文書，仍舊拿中國舊哲學舊文學中混亂的思想，來高談哲學文學。」[63] 用中國「舊思想」談西方「新學問」，正是名符其實的「新名詞運動」。陳、胡兩位老朋友雖然主張採取不同的對付手段，看法卻是一致的；新文化人有意無意之間，實已接受了林紓的觀念。這樣看來，民初的新舊之分，恐怕更多是在態度上而不是觀念上。

汪叔潛想要打破的新中有舊、舊中有新而又每不自知的情形，恰是最接近原狀的表述。思想一方面，近代以來確是以不斷激進化為主流（林譯小說在幾年間就由新變舊即是一顯例）；社會一方面，也曾形成「新的崇拜」，社會變動的上升幾乎到了唯新是尚的地步。[64] 但社會上到底是新舊雜陳，比較能得意者大多一身而兼新舊兩面。蔡元培以名翰林而喜談新學，胡適之以留學生而能作考據，皆名重一時。[65] 林紓以至更正宗的吳汝綸，雖以桐城文章名世，又何嘗不是半新半舊的人物呢。[66] 但林氏在新舊兩方面，皆不如蔡，要上戰場與蔡論爭，終是棋差一著。

不過，林的失敗主要因其舊派資格不足這一點，卻凸顯了那時「新人物」潛意識中的社會觀念常常並不很新。新文化運動諸人有意無意間扮演著傳統社會「士」的角色，故在很大程度上其思慮和關懷也接近傳統的「士」。對於純「文人」，正有著先天的不欣賞。民國初年傳統的延續雖然比中斷更隱晦，在林蔡之爭這一事件裡，「延續」

---

63 陳獨秀：《提高與普及》，《新青年》，8卷4號（1920年12月），5-6頁（欄頁）。

64 參見羅志田：《胡適與社會主義的合離》。

65 關於胡適，參見余英時：《中國近代思想史上的胡適》，《胡適之先生年譜長編初稿》，第1冊，29-40頁。

66 馮友蘭：《三松堂自序》，北京：生活・讀書・新知三聯書店，1984年，314頁。

起的實際作用卻似乎比「中斷」的作用更大。

　　民國初年的「新」，雖然用了相當數量的西方招牌，也有不少西方內容。但第一，其西方招牌並不完全等同於那招牌在西方的原本意思；第二，其西方招牌之下也包括了不少中國傳統的「舊」內容。也就是說，「新」並未割斷其與「舊」的多層次聯繫。「新」的戰勝舊，竟然靠的是「舊」的功用，這中間的弔詭意味極為深長。若一言以蔽之：從社會功能看，舊派林紓其實不舊；從社會觀念看，新文化人也不全新。

原刊《歷史研究》一九九五年五期

陳獨秀與「五四」後《新青年》的轉向

　　關於「五四」，有一個很有意思的現象，一方面大家都以一九一九年的學生運動作為一個整體的象徵，每逢「週年」就發表紀念的言論；另一方面，很多人心目中的「五四運動」，還會往前後各推移幾年，是所謂「廣義的五四運動」（也有人徑名為「新文化運動」）。實則兩種「五四」，不僅運動時間長短不同，就連其象徵性的口號也各異。[1] 不過，兩種「五四」的並用已經約定俗成，從研究者到媒體，大家都共同使用這兩個含義其實各異的概念，而不覺其間的衝突。這反襯出一個我們可能注意不多卻實際存在的事實，即「五四」的形象原本就不那麼「一元化」。

　　隨著對「五四」的研究日益加增，今人對所謂「五四研究」本身，也新見日多。然而「五四」的形象，似更加撲朔迷離。經過了長時期各種取向的解讀，在一些面相愈來愈清晰的同時，也不排除被詮釋者增添了不少「作霧自迷」[2] 的成分。如今很多人已在思考怎樣繼承「五四遺產」甚或是否應當跳出「五四的光環」，然而不論是廣義

1　一般視為「五四」基本理念的「民主」與「科學」，更多適用於廣義的「五四」；而當年遊行的學生口裡所喊的，卻是「內除國賊、外抗強權」一類口號；兩者間實有一段不短的距離。

2　按「作霧自迷」語出熊十力：《讀經示要》（1944年），《熊十力全集》，武漢：湖北教育出版社，2001年，第3卷，840、854、874頁。

還是狹義的「五四」，不僅未到蓋棺論定的程度，甚至連一些基本史
事都還沒搞清楚，仍處於一個言人人殊的狀態。

　　「五四」的內容和意涵本來相當豐富，有些史料相當充足的面
相，研究者對其長期視而不見，實處於一種存而不論的狀態；還有一
些面相，卻是因為史料不足徵，不得不借助想像和推論，也因此而多
有爭議。不論我們對其已知多少，「五四」已是活在我們血脈中的歷
史；但作為歷史的「五四」，卻仍然需要進一步的探索和了解。要釐
清基本史事，只能讓「五四」回歸歷史，而不是去辯論它的意義和性
質。從這個角度言，了解「五四」，也有助於我們認識自己。

　　本文要討論的是，「五四」時最重要的一份刊物《新青年》，在後
期出現了明顯的轉向。這一轉向與其創始人陳獨秀關聯密切，然而過
去由於史料不足徵，使之成為一個長期爭論的問題。最近相關的一些
書信終於出現（特別重要的是當時陳獨秀給胡適的幾封信）。這些關
鍵性的史料，對了解那一事件有直接的幫助。謹結合當時史事，鉤稽
相關史料，重新探討陳獨秀與《新青年》轉向的因緣脈絡。[3]

一　「五四」前後的《新青年》

　　今天我們都知道《新青年》在「五四」時的主流地位，但其重要

3　這些書信由嘉德拍賣會拍賣，並先在北大展覽。我曾得朋友幫助，從拍賣會關於古
　　籍善本的介紹中閱讀了這些書信中的大部分，於是寫出了本文初稿（刊發在2009年
　　7月12日的《南方都市報》上）。現在這些書信已入藏中國人民大學博物館，並由黃
　　興濤、張丁整理，以《中國人民大學博物館藏「陳獨秀等致胡適信札」原文整理注
　　釋》刊發於《中國人民大學學報》2012年1期。另有同時期李大釗致胡適一信，周
　　作人致李大釗兩信，由歐陽哲生整理，披露在《北京大學學報》2009年4期的《新
　　發現的一組關於〈新青年〉的同人來往書信》一文中。以下引這批信件，均注明是
　　新出書信；凡在文中言明者，則不再一一出注。個別文字，已據原信照片更易。

性的凸顯，還直接得益於一九一九年的學生運動。魯迅在一九一八年曾兩次致函許壽裳，一則說「《新青年》以不能廣行，書肆擬中止」；再則說《新青年》「銷路聞大不佳」，頗歎「今之青年，皆比我輩更為頑固」。[4] 陳獨秀自己在一九一九年初也承認，《新青年》發行已三年，尚不十分得意。他說：本刊三年來「所說的都是極平常的話，社會上卻大驚小怪，八面非難。那舊人物是不用說了，就是咶咶叫的青年學生，也把《新青年》看作一種邪說、怪物、離經叛道的異端、非聖無法的叛逆」。他因此「對於吾國革新的希望，不禁抱了無限悲觀」。[5]

可知學生運動之前，《新青年》雖已較有影響，但刊物的發行並不很理想，社會對其負面觀感仍較強。即使在青年學生之中，影響也不如我們後來認知的那樣正面，很多人不贊同該刊的言論，甚至參與到「八面非難」之中。且陳獨秀所說的「八面非難」，或並非泛指，而是隨後就鬧得沸沸揚揚的一場「新舊之爭」。[6] 緊接著就是「五四」學生運動，一切隨之大變。《新青年》藉此兩次東風（後者尤其強勁），大受歡迎。不過，「五四」後不久，陳獨秀即因發傳單而被捕，後來更南下上海避難，參與組織中國共產黨。《新青年》的風格和內容，在此期間發生了相當程度的轉變，最後正式成為中共的刊物，卻又未能辦多久。

學界對於《新青年》後期的轉向，一直有些爭議。除一些人事因素外，主要是《新青年》何時正式成為中共的刊物。在相當一段時間裡，不少人認為一九二〇年九月出版的《新青年》八卷一號已是中共

4　魯迅：《致許壽裳》（1918年1月4日、5月29日），《魯迅全集》，北京：人民文學出版社，1981年，第11卷，345、350頁。

5　陳獨秀：《〈新青年〉罪案之答辯書》（1919年1月），《陳獨秀著作選編》，任建樹主編，上海：上海人民出版社，2009年，第2卷，10頁。

6　參見羅志田：《林紓的認同危機與民初的新舊之爭》，《歷史研究》1995年5期；王楓：《五四前後的林紓》，《中國現代文學研究叢刊》，2000年第1期。

的宣傳刊物，其理由除內容多介紹蘇俄外，還因刊物的封面也有改變：正中為一個地球，從東西兩半球分別伸出兩手相握，暗示中國與十月革命後蘇俄的接近。[7] 想像力更豐富的，甚至認為是暗示了全球無產階級的團結。前些年有人曾寫了很有力的反駁文章，舉出很多事例，表明八卷一號並非中共刊物。文章的論證大體可立，所說基本正確。[8]

其實我們本可不必進行這麼多的「科學」論證，後期參與過《新青年》編務的當事人沈雁冰早在二十世紀四〇年代初就有這方面的回憶，他的言論後來也收入《茅盾全集》，並不是什麼稀見材料。但不論是主張八卷一號已是中共刊物的還是反對者，似乎都很少「借鑑」這一說法（不排除是我孤陋寡聞，有人借鑑而我未見）。以前偏向「科學」治史的人大多不很信任回憶錄，尤其沈雁冰將其公開發表，減少了一般治史者眼中的可信度。如果他把此事寫成秘密報告放進檔案，隔了多少年後再由後來的研究者「發現」，恐怕命運就大不同，或許早已成為論證此事最重要的史料了。

沈雁冰本人是早期中共成員，又直接參與編務，其回憶是在其它當事人大多在世時公開發表，雖可能不那麼精準，相去不致太遠。他是這麼說的（下面三段基本是引用沈氏原文，但頗有剪裁而略做更易，使之接近今日閱讀習慣）：[9]

「五四」前後，《新青年》原在北平編輯，並由數人輪流。陳

7　雖然這圖案似乎來自美國社會黨（參見石川禎浩：《中國共產黨成立史》，袁廣泉譯，北京：中國社會科學出版社，2006年，42-44頁），但不排除辦刊者自己確實理解為中蘇握手。參見茅盾：《我走過的道路》，北京：人民文學出版社，1997年，191頁。

8　參見莊森：《〈新青年〉第八卷還是社團「公同」刊物——中國現代新聞傳播史重要史實辨正》，《社會科學戰線》，2008年第6期。

9　沈雁冰：《客座雜憶——〈新青年〉談政治之前後》（1941年），《茅盾全集》，第12卷，北京：人民文學出版社，1986年，95-97頁。

獨秀由北平移居上海，編輯事務亦由陳一人主持。後雜誌與亞東圖書館（按應為群益書社）脫離承印與代理發行關係，在上海自立門戶。同時「新青年社」內部亦有變動，「元老」之中，有幾位已經貌合神離。

移滬後之第一冊《新青年》，即載有陳獨秀《談政治》一文，封面上有一小圖案，為一地球而上東西兩手相握。內容多一專欄，似名為「蘇俄研究」。可以說是結束了過去的以「文學革命」為中心任務的《新青年》，而開始了以「政治革命」為中心任務的《新青年》。據說「新青年社」若干老幹部不同意《談政治》一文之立場，爭持久之，終使陳獨秀挾《新青年》在滬立門戶，以為政治鬥爭的武器。但此時中國共產黨尚未成立，《新青年》及陳獨秀雖已被目為赤化，與第三國際亦未有正式關係。

且《新青年》雖開始「談政治」，在「理論」方面實甚駁雜。譯登羅素之著作，而對其思想體系並無批判；「蘇俄介紹」欄雜登當時蘇聯國內各消息，殊嫌零碎，缺乏有系統之研究分析文章。若以《新青年》為「理論指導」刊物，能執筆寫理論文字者不多。對唯物辯證法有研究者，其時僅一李大釗。若作為批評現實政治問題的刊物，則綜合性的月刊便難以活潑而顧及時效。不久，陳獨秀赴粵主持廣東省教育委員會，《新青年》編務委託李漢俊，常告稿荒，出版亦不准期，又受外界壓迫，終於停頓了。

以上回憶，在年代上略有不準確之處，但大致符合史實，表述也很有分寸。正如沈氏所說，八卷一號的《新青年》和陳獨秀雖已被外界目為「赤化」，然並未與第三國際建立正式關係，而中共也尚在籌

組之中。成為中共的宣傳刊物，自然是後來的事了；但當時已被目為
「赤化」，卻也是不可忽略的事實。沈氏反覆提到的「新青年社」，也
是一個重要內容。其實這個「社」究竟是否正式「成立」，還有些疑
問。但該社的名義已被使用，且時人一般也都承認這一「社」的存在。

先是《新青年》在出版一段時間後，就成為輪流編輯的同人刊
物。在編輯方針上，「五四」前就有些內部爭議，但不很嚴重。[10]「五
四」後的第七卷，議決由陳獨秀一人編輯。[11] 在七卷一號上，陳獨秀
發表了號稱代表「全體社員公同意見」的《本志宣言》，胡適在同一
期也發表《新思潮的意義》一文。兩者既有共通之處，也有些「一個
主旨，各自表述」的意味。到陳獨秀南下後，編輯同人因辦刊的方針
等大起爭議，終至破裂。

過去對此的研究，主要依靠的是胡適收藏的相關來往信件，早年
曾被張靜廬收入其《中國現代出版史料甲編》；後來耿雲志先生主編
的幾種胡適資料集，進一步披露了一些相關信函。但中間有些關鍵的
信件卻未見，以致一些言論的往還無法連接，有些表述難以理解。最
近出現的這些信件也出自胡家（大約當初放在不同地方，沒有與胡適
的主要信件一起保存），恰好能與已知各信連接起來，使整件事的脈
絡清楚了許多。

一般都承認，陳獨秀的離京南下，與《新青年》的轉向有直接關
聯。陳南下的直接原因，當然是因為「五四」後的被捕，保釋後在北
京不能自由活動，故避難上海。但按照胡適的看法，導致後來陳獨秀

---

10 1919年1月，錢玄同就注意到，「《新青年》為社會主義的問題，已經內部有了贊成和
反對兩派的意見。現在《每周評論》上也發生了這個爭端了」。《錢玄同日記》，魯迅
博物館編，1919年1月27日，福州：福建教育出版社，2002年，第4冊，1754頁。

11 《錢玄同日記》，1919年10月5日，第4冊，1815頁；周作人：《周作人日記》，鄭
州：大象出版社，1996年，1919年10月5日，中冊，52-53頁。

思想轉變的，主要還不是「五四」後的被捕，而是「五四」前北大的內部鬥爭。這方面的敘述已不少，[12] 唯多非專述，各有側重，仍有整合敘述的必要。

二　北大的學科調整與京城的新舊之爭

「五四」前北京的新舊之爭相當激烈，舊的一方曾以陳獨秀私德不檢為攻擊目標。北大校長蔡元培本在北京組織進德會，對此相當難堪，也甚感難以處理。結果，經與同為浙江籍的湯爾和、沈尹默、馬敘倫等在一九一九年三月二十六日晚合議，決定不讓陳獨秀繼續擔任北大文科學長。[13] 而湯爾和、沈尹默等當年恰是促成蔡元培任用陳獨秀為北大文科學長之人，始倡終棄，同出斯人，當然不僅是偶然巧合。何以出現這樣的變化，牽涉甚寬，既與校外的新舊之爭相關聯，也涉及校內的大學體制構建，自然也免不了無處不在、永不歇息的人事之爭，但又不僅是一般人心目中的權勢競爭，而與辦學取向的異同相關。

有一點可以明確，廢除文理科學長的動議，早在一九一八年秋天已提出，並形成了大致的意見。但這似乎只是一個意向性的決議，具體怎樣貫徹執行，尚未確定，也可以修改。後來校外的新舊之爭，對這一決議的實行與否，有直接的關聯。但在不諳內情的外人認知中，陳獨秀的去職，基本是為新舊之爭的大環境所決定。

---

12 其中材料最豐富的是胡少誠的「早期北大的治理模式與實踐（1898-1937）——以大學權力演化為視角的考察」，北京大學歷史學系博士論文，2009年。以下關於北大學科調整方面的論述，頗多參考此文。另外，前引王楓文也鉤稽了相當一些較少為人所注意的報刊材料。

13 按湯爾和時任北京醫專校長，沈、馬則皆北大教授。胡適後來說，「爾和先生是當日操縱北京學潮的主要人物，他自命能運籌帷幄，故處處作策士，而自以為樂事」。胡適抄湯爾和日記跋語，《胡適來往書信選》，北京：中華書局，1979年，中冊，283頁。

北大原有文、理、法、工四科，皆既是學科也是機構（稍類今日的學院），加上非學科而為機構的預科，共有五科。蔡元培一九一七年接受北大校長職務後，就決定實行改革。他要讓師生了解，「大學乃研究學術之機關。進大學者，乃為終其身於講學事業」，以改變視「大學為科舉進階」的習慣認識。其方法即「竭力辦理文理兩科」，使之完善。因為這兩科「乃法、工、農、醫諸科原理原則所由出」，而入此兩科者，「又大抵為純粹講學而來，既不想做官，亦不想辦大實業」。[14] 最後一點反映出蔡元培觀念的時代性，不可忽視——「讀書做官」或可說是長期的傳統，「讀書發財」則是近代興起的新傾向。

由於「吾國人科舉之毒太深，陞官發財之興味本易傳染」，故必須糾正學界的另一弊病，即「重術而輕學」。蔡元培認為，「學與術雖關係至為密切，而習之者旨趣不同」。文、理是「學」，而法、商、醫、工為「術」；「治學者可謂之大學，治術者可謂之高等專門學校」。前者以研究真理為目的，「必擇其以終身研究學問者為之師」；後者以應用為目的，即使「延現任之法吏、技師以教之，亦無不可」。[15] 這裡隱含著些許「儒法之爭」的餘緒，蓋「以吏為師」雖是先秦古風，後來卻是法家在提倡，而「以法為教」更是法家所獨宗。用今日的話說，做官和辦大實業者，可以在高等專門學校任兼職教授，卻不得入大學任教。

蔡元培試圖以學科調整的方式來落實對「重術輕學」的糾正。他在一九一八年一月的國立高等學校校務討論會上，正式提出以「學、術分校」的主張：由於「文、理二科，專屬學理；其它各科，偏重致

---

14 《北京大學校長蔡孑民先生與本報記者之談話》，《大公報》，1917年2月5日，1張2版。

15 蔡元培：《讀周春岳君〈大學改制之商榷〉》（1918年4月），《蔡元培全集》，高平叔編，第3卷，北京：中華書局，1984年，149-150頁。

用」，故當分立；即「大學專設文、理二科，其法、醫、農、工、商五科，別為獨立之大學」，或與既存專科大學合併。實際則先去工科，併入北洋大學；改革預科，分拆入各相關學科，不再為獨立機構；改商科為商業學門，隸屬法科。北大法科原有政治、經濟、法律三學門，本較完備，「學生人數亦最多」（法科由清季顯學「法政」演化而來，在全國恐怕都人數最多）。但因相關經費預算案尚未提出，「故暫從緩議。惟於暑假後先移設於預科校舍，以為獨立之試驗」。[16]

而北大改革的主要工作，則是從一九一八年下半年起推動文理科合併為「本科」，這也直接關係到陳獨秀在學校的地位。在一九一八年九月的開學式上，蔡元培即提出，「鑒於文科學生輕忽自然科學、理科學生輕忽文學、哲學之弊」，正擬定「溝通文、理兩科之計劃」。[17]其追隨者顧孟餘也在《北京大學日刊》撰文，從學理上論證「文理兩科合併之理由」。[18]稍後北大創辦《月刊》，蔡元培更明言辦刊的目的之一就是要「破學生專己守殘之陋見」。他強調了文學、科學和哲學之間密不可分的相互關聯，主張求學者必「於專精之餘，旁涉種種有關係之學理，庶有以祛其褊狹之意見」。[19]

同時，北大在全國「專門以上各學校校長會議提出討論之問題」中，也主張「融通文、理兩科之界限：習文科各門者，不可不兼習理科中之某種；習理科者，不可不兼習文科之某種」。並明確提出，「變

---

16 蔡元培：《大學改制之事實及理由》（1918年1月），《蔡元培全集》，第3卷，130-133頁。

17 蔡元培：《北大一九一八年開學式演說詞》（1918年9月20日），《蔡元培全集》，第3卷，192頁。

18 顧兆熊（孟餘）：《文理兩科合併之理由》，《北京大學日刊》，1918年10月9日，3版。按蔡元培在北大的主要支持者有兩個群體，一是一批浙江籍教員（中文系居多，即後來所謂「某籍某系」），二是一批有同盟會國民黨背景者，顧孟餘就是後者。

19 蔡元培：《〈北京大學月刊〉發刊詞》（1918年11月），《蔡元培全集》，第3卷，211頁。

通現有文、理兩科各設學長之制，大學本科只設學長一人，由大學教授會開全體大會選舉三人，由校長擇一人任之」。[20] 這樣，一旦文理實現合科，必然導致學長制度的變更。

以北大師生當時在思想界所起的引領作用，校內的學科整理與校外的新舊之爭有著千絲萬縷的關聯。[21] 報刊上大約到一九一九年二月才開始言及政界對北大新派作為的不滿，到三至四月間，與新舊之爭相關的報導漸達高峰。實則從年初起，北大就已受到政府很大的壓力。錢玄同一九一九年一月七日的日記說：

> 午後到大學，半農、尹默都在那裡，聽說蔡先生已經回來了。關於所謂『整頓文科』的事，蔡君之意，以為他們如其好好的來說，自然有個商量，或者竟實行去冬新定的大學改革計劃，廢除學長，請獨秀做教授。如其它們竟以無道行之，則等他下上諭革職。到那時候，當將兩年來辦學之情形和革職的理由，撰成英法德文，通告世界各文明國。[22]

從其言辭看，壓力應直接來自總統徐世昌，而陳獨秀首當其衝。彼時已考慮將去年的學科調整作為應對壓力而廢除學長的方策，但外界尚不知道。一九一九年二月二十二日，蔡元培召集各學長、教授會主任及研究所主任會議，擬討論「本校擴張計劃及其它各種重要問

20　《本校擬在專門以上學校校長會議提出討論之問題》，《北京大學日刊》，1918年10月30日，3版。

21　新舊之爭在校內似也存在，但並不明顯。被視為守舊一方大本營的《國故》月刊社1919年1月下旬才成立，且要到那年較晚才開始回應《新潮》一方的「進攻」（參見羅志田：《古今與中外的時空互動：新文化運動時期關於整理國故的思想論爭》，《近代史研究》，2000年6期）。故早期的新舊之爭，基本表現在校外。

22　《錢玄同日記》，1919年1月7日，第4冊，1716-1717頁。

題」。[23] 這次會上可能議及了陳獨秀的問題，二月二十六日，北大學生張厚載在上海《神州日報》上說：

> 近來北京學界忽盛傳一種風說，謂北京大學文科學長陳獨秀即將卸職，因有人在東海面前報告：文科學長、教員等言論思想多有過於激烈浮躁者，於學界前途大有影響。東海即面諭教育總長傅沅叔，令其核辦。傅氏遂諷令陳學長辭職，陳亦不安於位，故即將引退。……日昨大學校曾開一極重大討論會，討論大學改組問題，欲將某科某門改為某系，如是則可以不用學長。此種討論，亦必與陳學長辭職之說大有關係，可斷言也。[24]

文中並云，陶履恭、胡適之、劉半農也有去職之憂。從今日後見之明看，張的敘述雖不無誇大，其消息來源則大致可靠。不久《申報》也說，「日前喧傳教育部有訓令達大學，令其將陳、錢、胡三氏辭退，並謂此議發自元首」。但「經記者之詳細調查，則知確無此事」。[25] 可知類似消息已不脛而走，廣為流傳。雖教育部並無「訓令」，但「此議發自元首」卻並非捕風捉影。《申報》記者的「調查」，顯然不夠深入。幾天後，張厚載又在《神州日報》上說：

> 前次通信報告北京大學文科學長、教授將有更動消息。茲聞文科學長陳獨秀已決計自行辭職，並聞已往天津，態度亦頗消極。大約文科學長一席，在勢必將易人。而陳獨秀之即將卸職，已無疑義，不過時間遲早之問題。且並聞蔡校長之意，擬

---

23 《校長啟事》，《北京大學日刊》，1919年2月21日，2版。
24 《學海要聞》（半谷通信），《神州日報》，1919年2月26日，2版。
25 靜觀：《北京大學新舊之暗潮》，《申報》1919年3月6日，6版。

暑假後將文理兩科合併，而法科則仍舊獨立。彼時各科學長，
自必有一番更動也。至胡適、陶履恭、劉半農三教授，則蔡校
長以去就力爭，教育部已均准其留任矣。[26]

　　或許為了強調其信而有徵，再幾天後，他竟然自稱日前往訪北大
校長蔡子民，「詢以此事。蔡校長對於陳學長辭職一說，並無否認之
表示。且謂該校評議會議決文科自下學期或暑假後與理科合併，設一
教授會主任，統轄文理兩科教務，學長一席，即當裁去云云」。[27] 除
採訪蔡元培應屬杜撰外，張厚載所說越來越靠譜。實則三月一日的北
大《日刊》上，已正式披露當日「評議會議決《文理科教務處組織
法》」，並明言「於暑假後實行」。[28] 以張氏的「調查」能力，似不應
視而不見。唯他雖已有恃無恐，卻又故意閃爍其辭，好像消息真是探
測得來。

　　實際上，教務處的組織擬「於暑假後實行」是一個關鍵，表明事
情尚無定論，各方都還在努力，略近於今日坊間愛說的「博弈」。

　　先是胡適出面致函張厚載，詢問「不知這種消息你從何處得來？
我們竟不知有這麼一回事」。並云，「此種全無根據的謠言，在外人或
尚可說，你是大學的學生，何以竟不仔細調查一番」？張雖法科學
生，卻性好戲曲，跡近文人，或以為「君子可以欺其方」，遂信口說
「是同學方面一般的傳言。同班的陳達才君，他也告訴我這話」。不
料胡適將此往來函件公布在北大《日刊》上，陳達才隨即表示「並無
此事」，並讓張厚載出具聲明書確認，又被胡適公布在《日刊》上。[29]

26　《學海要聞》（半谷通信），《神州日報》，1919年3月3日，2版。
27　《學海要聞》（半谷通信），《神州日報》，1919年3月9日，2版。
28　《文理科教務處組織法》，《北京大學日刊》，1919年3月4日，3版。
29　《胡適教授致本日刊函》及附件，《北京大學日刊》，1919年3月10日，4版；1919年
　　3月11日，3版。

　　隨後蔡元培本人也正式致函《神州日報》，指出「陳學長並無辭職之事，如有以此事見詢者，鄙人必絕對否認之」。該報兩次「半谷通信」中說「陳學長及胡適、陶履恭、劉復等四人，以思想激烈，受政府干涉」。陳獨秀以外之三人，「由校長以去就力爭，始得不去職」云云，「全是謠言」。但蔡元培也確認，「文理合併，不設學長，而設一教務長以統轄教務。曾由學長及教授會主任會議定（陳學長亦在座），經評議會通過，定於暑假後實行」。而「陳學長贊成不設學長之議，純粹為校務進行起見，於其個人之辭職與否無關係」。[30]

　　在這些「闢謠」的努力的同時，相關「謠言」的傳播卻越來越廣，各處皆盛傳陳獨秀等四人已被逐出北京大學、將封閉趨新雜誌等，引發一片抗議之聲。上海《中華新報》指出，其消息來源是章士釗，提示出某些行動或曾在籌畫之中。[31] 不論傳說中的動議是否屬實，壓力是明顯的，且確實來自總統府。陳獨秀先引《中華新報》之語說：「大學校非所謂神聖之學府乎？今之當局者非以文治號召中外者乎？其待士也如此」！他自己進而指責說：「在段內閣武治時代，大學倒安然無事。現在卻因為新舊衝突，居然要驅逐人員了。哈哈！文治主義原來如此！」[32]「文治」乃是徐世昌區別於前後任總統的主要特色，文章的指向甚明。

　　傅斯年稍後更公開說，是有人把《新潮》和《新青年》送給「地位最高的一個人看」，並「慫恿這位地位最高的來處治北大和我們。

30　蔡元培：《致〈神州日報〉記者函》，《北京大學日刊》，1919年3月19日，4-5版。

31　「前晚本社張季鸞先生即為記者言之，謂章行嚴先生處得到此項消息云。」世傑：《誰的恥辱？》，《中華新報》（上海），1919年3月6日，1張2版。

32　陳獨秀：《關於北京大學的謠言》（1919年3月）、《文治主義原來如此》（1919年4月），《陳獨秀著作選編》，第2卷，59、74頁。

這位地位最高的交給教育總長傅沅叔斟酌辦理」。[33] 到三月二十六日，久處壓力之下的教育總長傅增湘正式致函蔡元培，明言「自《新潮》出版，鬢下耆宿，對於在事員生，不無微詞」。雙方因批評而涉意氣，實已「稍逾學術範圍之外，將益啟黨派新舊之爭」。[34]

至此，蔡元培似不得不有所行動了。當晚，即有本節開始提到的會議（不過湯爾和日記說是在27日），決定陳獨秀不能繼續擔任北大文科學長。參與會議的胡適後來認為，這是一個劃時代的會議，因此夜之會，陳獨秀離開北大，「以後中國共產黨的創立，及後來國中思想的左傾、《新青年》的分化、北大自由主義者的變弱，皆起於此夜之會」。[35]

在傅斯年所聽到的故事版本中，蔡元培當夜做此決定是非常勉強的，曾表示不怕外來的壓力，並云「北京大學一切的事，都在我蔡元培一人身上」，與陳獨秀、胡適等人「毫不相干」。這故事不排除是蔡元培自己講的（那段時間傅斯年也參與到應對外界壓力的活動中，蔡元培給傅增湘的回信，因涉及《新潮》，即是傅斯年草擬的[36]），至少不是來自胡適，因為裡面也說到其中的老謀客（即湯爾和）要蔡先生也「約制胡適之先生一下」（胡適在場，不會說出這樣的情節來）。[37]

胡適對此事耿耿於懷，先後數次調查，以弄清幕後真相。一九二二年七月，在出席中華教育改進社年會期間，他與丁文江、秦汾（秦

---

33 傅斯年：《〈新潮〉之回顧與前瞻》（1919年9月5日），《新潮》，2卷1號（1919年10月），上海：上海書店，1986年影印本，201頁。

34 傅增湘：《致蔡元培》（1919年3月26日），《蔡元培全集》，第3卷，285-286頁。

35 胡適：《致湯爾和（稿）》（1935年12月23日），《胡適來往書信選》，中冊，281-282頁。

36 蔡元培：《復傅增湘》（1919年4月2日），《蔡元培全集》，第3卷，284-285頁。

37 傅斯年：《我所景仰的蔡先生之風格》（1940年），《傅斯年全集》，臺北：聯經出版公司，1980年，第7冊，33-34頁。

於一九一八年末代理理科學長，熟悉那段歷史）等徹夜長談，了解到
北大很多內幕都與蔡元培的謀士沈尹默相關。據說沈初與夏元瑮聯合
廢工科，又「借文理合併的計劃以去夏」。夏被迫自請出國考察，由
秦汾代理。秦「不願『本科』學長歸仲甫」，故「首倡廢學長之議而
代以教務長。但此議後來久不提起，直到後來蔡先生欲辭去仲甫而不
欲仲甫居辭去之名」，恰好秦汾調任教育部專門司司長，蔡先生「遂
以廢學長之名義去仲甫，教務長之議遂實行」。原議教務長只限於文
理二科合成的本科，沒有法科。「尹默又怕我當選，故又用詭計，使
蔡先生於選舉之日打電話把政治、經濟兩系的主任加入」，同時面見
胡適，說陳大齊等不希望胡適當選為教務長，擬舉經濟系主任馬寅
初。最後在蔡元培支持下，馬寅初當選。[38]

　　這段內幕印證了前引蔡元培說「陳學長贊成不設學長之議，純粹
為校務進行起見」，應非虛言。蓋不論是最初議及的本科學長，還是
後來確定的教務長，陳獨秀都曾是首屈一指的候選人（秦汾只是代理
理科學長，資歷尚有欠缺）。所以他贊成改制，或並無讓賢的想法。
在新的形勢下，這一原本純粹的管理體制調整，倒真成了逼陳退位的
手段。

　　實際的教授會主任會於四月八日舉行，北大《日刊》給出的表面
理由，除理科學長秦汾因任職教育部司長而辭職外，「適文科學長陳
獨秀君亦因事請假南歸」，所以校長召集這次會議，「議決將三月四日
所發表之《文理科教務處組織法》提前實行」，並選出馬寅初為教務
長。[39] 法科的臨時加入，顯然不符合蔡元培的初衷，蓋法科也是

38　《胡適日記全編》，曹伯言整理，合肥：安徽教育出版社，2001年，1922年7月3
　　日，第3冊，714-716頁。

39　《大學本科教務處成立紀事》，《北京大學日刊》，1919年4月10日，3-4版；《本校布
　　告》，《北京大學日刊》，1919年4月15日，2版。

「術」而非「學」，本在去除之列，不過尚未提上議事日程而已。[40]
但沈尹默的提議，或也不全是「陰謀」——在當日報刊言論中，胡
適本是僅次於陳獨秀的新人物，若由他接任教務長，政府方面恐怕不
樂聞。

　　或許為使教務長選舉的正當性更充分，北大評議會四月二十二日
議決：「法科之政治、經濟兩門，已編入文理科第五組。法律一門，
無獨立之必要，宜以法律門加入第五組，以法律門教授會主任加入教
務處。法科之名，與文理科同時消滅。」[41] 還在一九一八年秋，北大
就在專門以上學校校長會議上提出「法科大學可專授法律，其政治學
及經濟學各門，可併入大學本科」的議案。[42] 一九一九年四月，教育
部又向教育調查會交議了「法科大學專設法律門，其政治、經濟各門
併入文理科」一案，但會議議決「部令從緩修正，先由北京大學試
辦，再行調查」。[43]

　　評議會使用的「編入」一詞耐人尋味，或意味著包含政治、經濟
兩門的第五組不過是在擬議的編制中而已，法科也並未「與文理科同
時消滅」。[44] 因法科方面的問題，馬寅初不安於教務長職位，曾提出

---

40 按原來的計劃發展，若一切順利，在文理二科合為「本科」後，法科只能獨立出
　　去。否則，以一不受校長看重的法科，要與二科合併的「本科」對應相處，地位將
　　非常尷尬，甚難安身。

41 《評議會開會紀事》，《北京大學日刊》，1919年4月23日，3版。

42 《本校擬在專門以上學校校長會議提出討論之問題》，《北京大學日刊》，1918年10
　　月30日，3版。

43 《教育調查會第一次會議報告》，《新教育》，1卷3期（1919年4月），344頁（卷
　　頁）。

44 北大擬在專門以上學校校長會議提出討論之問題裡附有《大學本科學科課程編製法
　　草案》，說到本科一年級分選修科為五組，史學、政治、經濟為第五組（《本校擬在
　　專門以上學校校長會議提出討論之問題（續）》，《北京大學日刊》，1918年11月1日，
　　5版）。然那只是擬議的提案，到1919年秋季的《國立北京大學學科課程一覽（八年
　　度至九年度）》中，上述提案才作為「新制」開始實施，其中第五組改為「史學（政

辭職（理由是法律學門教授會主任未曾享受選舉與被選舉權）。到五月底，評議會和教授會主任聯席會數日內連續開會數次，幾乎一次一變：先是法科補投一票，選舉馬寅初為教務長；隨即又恢復法科教務處（等於否定了法科參與「本科」的投票）；旋又決議不用教務處之名，免生「誤會」，實則「法科教務可由法律、政治、經濟三門主任認真擔任」。[45] 這些反覆的舉動，已在五四學生運動發生而蔡元培離校出走之後，大致都可視為前此教務長選舉的餘波，表明胡適關於政治、經濟兩系主任當日是謀略性的臨時加入之說，大體可靠。

　　張厚載先已於三月三十一日因「屢次通信於京滬各報，傳播無根據之謠言，損壞本校名譽」，被「令其退學」。[46] 然而事態的發展表明，此前流行的「謠言」，凡涉及其它人的，大都近於「事出有因，查無實據」；只有關於陳獨秀的，則基本落實。對《新青年》而言，這次廣泛傳播的新舊之爭，產生了一個積極的附帶因素，即引起了外界對雜誌的關注和同情。上海的《中華新報》刊文說，教育部所代表的政府壓力，實賦予了《新青年》以正當性，「從此以後之《新青年》雜誌發行額，必加起幾倍或幾十倍」。成都的《川報》也有文章預測，既有「政府干涉思想學說的事」發生，「從此《新青年》的價值，愈增高了」。[47]

治、經濟、法律）等」。不過後面又有附注說：「此項新制，本擬全體實行。今年八月中經評議會及教授主任會決議，法科之政治、經濟、法律三系，本年暫時仍用現行之單位制。」（北京大學校史研究室編：《北京大學史料》，第2卷，北京：北京大學出版社，1993年，1078-1080頁。）可知至此法科問題仍處於懸而未決的狀態。

45 評議會議事錄第一冊，北京大學檔案館，檔號BD1919002，轉引自胡少誠，「早期北大的治理模式與實踐（1898-1937）——以大學權力演化為視角的考察」，北京大學歷史學系博士論文，2009年。

46 《本校布告》，《北京大學日刊》，1919年3月31日，1版。

47 世傑：《誰的恥辱？》，《中華新報》，1919年3月6日，1張2版；因明：《對北京大學的憤言》，《川報》（成都），錄在《每周評論》第19號（1919年4月27日），4版。

　　這些預測很快被證明是不錯的，參與《新青年》發行的亞東圖書館主汪孟鄒，親見這一轉變的發生。本來由於《新青年》實行板式革新、使用新式標點等因素，上海印業都「不願代印」。[48] 故自六卷「四號起，決就北京印行」。[49] 這一決定固因南方的印製出了問題，也表明對雜誌在北京的發行有信心。到四月下旬，汪孟鄒更觀察到：「近來《新潮》、《新青年》、《新教育》、《每周評論》銷路均漸興旺，可見社會心理已轉移向上。」[50] 可知其在南方的銷路也不錯，尤其近來「漸興旺」的說法，表明這是新現象。在六卷五號上，即有群益書社關於前五卷將再版，先印前三卷的預約廣告。[51] 到七卷一、二號，再次發布全五冊再版的廣告。[52] 這些都表明，該刊的銷售確實已經大有改觀。

　　不過，很多人願意引用汪原放所說的《新青年》「最多一個月可以印一萬五六千本」的說法，[53] 雖不排除某一次真達到這樣的「最多」，但應非常態。實際上，撰於一九一九年底前的《〈新青年〉編輯部與上海發行部重訂條件》的合同文本明言：「中國北部約每期可銷一千五百份，由發行部盡先寄與編輯部分派。以後如銷數增加，發行部應隨時供給。」[54] 則直到「五四」後，北方的銷路不過如此。後來

48　汪孟鄒：《致胡適》（1918年10月5日），耿雲志主編：《胡適遺稿及秘藏書信》，合肥：黃山書社，1994年，第27冊，第278-280頁。

49　汪孟鄒：《致胡適》（1919年4月），《胡適遺稿及秘藏書信》，第27冊，285頁。

50　汪孟鄒：《致胡適》（1919年4月23日），《胡適遺稿及秘藏書信》，第27冊，289-290頁。

51　群益書社：《〈新青年〉一至五卷再版預約》，《新青年》6卷5號（1919年5月），扉頁。

52　《〈新青年〉第一、二、三、四、五卷合裝本全五冊再版》，《新青年》7卷1號（1919年12月），扉頁。

53　汪原放：《回憶亞東圖書館》，上海：學林出版社，1983年，32頁。

54　此合同書手跡見北京歷史博物館編：《中國近代史參考圖片集》，上海：上海教育出

陳獨秀在一九二〇年五月擬自辦《新青年》印製發行等，曾說「此時打算少印一點（若印五千，只需四百餘元）」。[55] 則「常印」或「多印」的數目，應不會高太多。

由於不久即有大規模的「五四」學生運動發生，那次「新舊之爭」對雜誌銷路的積極影響或被掩蓋。而那一事件對雜誌辦刊傾向更重要的影響，則是陳獨秀因大學改制而「自然」成為普通教授。如此「提前實行」學長改教務長的倉促決定顯然出乎陳獨秀的預料，心有不甘的他最終南下上海。

三　在自由主義和馬克思主義之間的陳獨秀

胡適一九三五年對湯爾和說，由於文科學長的解職，「獨秀因此離去北大」，引起一系列嚴重的後果。因為

> 獨秀在北大，頗受我與孟和（英美派）的影響，故不致十分左傾。獨秀離開北大之後，漸漸脫離自由主義者的立場，就更左傾了。此夜〔3月26日〕之會，雖然有尹默、夷初在後面搗鬼，然子民先生最敬重先生〔指湯〕，是夜先生之議論風生，不但決定了北大的命運，實開後來十餘年的政治與思想的分野。此會之重要，也許不是這十六年的短歷史所能論定。[56]

版社，1958年，下冊，161頁。原注為「北京歷史博物館藏片」，並說明是「魯迅的手筆之一」。然究為何人所撰寫，現有爭議，參見周楠本：《一篇新發現的魯迅手稿》，《魯迅研究月刊》2011年第12期；葉淑穗：《對〈一篇新發現的魯迅手稿〉一文的質疑》，《魯迅研究月刊》2012年第4期。

55 陳獨秀致胡適，1920年5月25日，新出書信。

56 胡適：《致湯爾和（稿）》（1935年12月23日），《胡適來往書信選》，中冊，281-282頁。

對此湯爾和當然不能同意,他反駁說,陳獨秀本為「不羈之才,豈能安於教授生活」?即使沒有這次的改聘,最後還是會脫離北大。一九三五年時的陳獨秀當然已脫離教育界,但這說法恐怕有些後見之明的意味。陳本是從實際政治中回歸文化、教育事業的,在他一九二〇年春的言行裡,還真看不出多少又要走向實際政治的意向。然而湯爾和挖苦胡適的話卻不無道理,他說:會議不久即有「五四」學生運動,此後「接二連三之極大刺激,兄等自由主義之立場能否不生動搖,亦屬疑問」。[57]

這話實有所指。北伐前胡適曾提倡「好人政府」,那時就幾乎投入實際政治,這是湯爾和親眼所見;後胡適也曾參加北洋的善後會議,北伐後又站出來公開批評新當權的國民黨,幾乎被國民黨「法辦」。那時湯爾和即曾說,他原以為胡適已經「淪入老朽,非復當年」,現在才知道其實鋒芒未減。[58]湯氏言外之意,胡適自己也常常「忍不住」要參政議政,遑論陳獨秀這樣的「不羈之才」。其實「自由主義」從未標榜不涉及實際政治,只是對政治有一些特定的看法。湯爾和或不過是沿用胡適的表述而照本宣科,但至少可知當年對自由主義的認知是相當寬泛的。

胡適晚年在《口述自傳》裡說:一九一九年時李大釗已寫過文章稱頌俄國革命,而陳獨秀還沒有相信馬克思主義,甚至並不了解馬克思主義。他是到上海「交上了那批有志於搞政治而傾向於馬列主義的新朋友」後,才逐漸「和我們北大里的老夥伴愈離愈遠」。[59]揆諸陳獨秀在一九二〇年南下前後的言論,胡適的看法絕非無的放矢,甚至可以說基本不差。

---

57 湯爾和:《致胡適》(1935年12月29日),《胡適來往書信選》,中冊,291-292頁。

58 說詳羅志田:《再造文明的嘗試:胡適傳》,北京:中華書局,2006年,207-212、235頁。

59 《胡適口述自傳》,唐德剛譯注,上海:華東師範大學出版社,1993年,195頁。

　　傅斯年也認為，陳獨秀在《青年》發刊詞中所說的六點，[60] 是他後來眾多言論的「立點」。於這一立點出發，「後來之倫理革命論、文學革命論、民治論以及社會主義，都是自然的趨勢，必然的產物。而陳氏之發揮這個立點，尤有一個基本精神，即是他的猛烈的透闢的自由主義」。總體看，「他的精神到底是法蘭西革命的產品，並不是一個『普羅』的產品」。[61]

　　一些共產黨當事人的言論，也能印證胡適的說法。前引沈雁冰的回憶說：即使在陳獨秀南下以後，《新青年》雖然多談政治，但在理論方面，卻不純粹。不僅真「對唯物辯證法有研究者，其時僅一李大釗」；同時還刊登羅素的文章而不批評，提示出其與自由主義的關聯。

　　那時還有一位西方哲學家身在中國，其影響比羅素有過之無不及，就是杜威。陳獨秀當時對民主（民治）和科學的理解，顯然受到胡適和杜威的影響。他在一九一九年底《新青年》七卷一號的《本志宣言》中明確表示：「我們相信尊重自然科學實驗哲學，破除迷信妄想，是我們現在社會進化的必要條件。」[62] 在同一期上所發表的《實行民治的基礎》一文中，陳氏更喊出了他常為人引用的口號：中國要實行民治主義，應當「拿英美作榜樣」。在這篇文章中，陳獨秀明言：「杜威博士關於社會經濟（即生計）的民治主義的解釋，可算是各派社會主義的公同主張，我想存心公正的人都不會反對。」[63]

　　蔡和森也說：《新青年》以前「是美國思想宣傳機關，但是到了仲甫同志傾向社會主義以後，就由美國思想變為俄國思想了，宣傳社

60　即1915年的《敬告青年》中所說的：一、自主的而非奴隸的，二、進步的而非保守的，三、進取的而非退隱的，四、世界的而非鎖國的，五、實力的而非虛文的，六、科學的而非想像的。收入《陳獨秀著作選編》，第1卷，158-163頁。

61　傅斯年：《陳獨秀案》（1932年），《獨立評論》第24號（1932年10月30日），4頁。

62　陳獨秀：《本志宣言》，《新青年》7卷1號（1919年12月），4頁。

63　陳獨秀：《實行民治的基礎》，《新青年》，7卷1號，16、14頁。

會主義了。不過在過渡期間的文章，社會革命的思想是有了，杜威派的實驗主義也是有的」。要到一九二〇年的《新青年》「五一」勞動節特刊（7卷6號），「才完全把美國思想派趕跑了」。[64] 蔡和森的記憶有些誤差，《新青年》八卷一號都還在刊登杜威的演講；但他記憶中的感覺，與其它人是類似的。

中共創立時也在上海的李達更曾回憶說，就是在擔任中共領導之後，陳獨秀也「並不閱讀馬列主義著作」。他「不懂、也不研究」那些關於中國革命的馬克思主義理論，甚至「《嚮導》上署他的名字的文章，大都是同志們代寫的」。[65] 這樣看來，陳獨秀在該刊上的言論，還須小心辨析。馬列主義本非一兩天可以速成，陳獨秀在創建並領導中共之後這方面理論水準不高，應該也是順理成章的。若陳獨秀在創建並領導中共之後馬克思主義理論的水準尚不過如此，則他在此前更接近自由主義，就是非常可能的。上述幾位中共人士的記憶，也都能印證這一點。

更重要的是，胡適向來提倡「拿證據來」，他在《口述自傳》裡的表述，也是有所本的。胡適引以為據的，就是陳獨秀「寫給《新青年》雜誌的編者的幾封信」。[66] 我們知道胡適是在美國口述其《自傳》的，他保存的大部分來往信件並未帶走，但他當時這麼說，應能看到一些陳獨秀寫給《新青年》編者的信（這些信件已由胡家後人拿出拍賣，此前並在北大展出）。

在一九二〇年底陳獨秀到廣州後，那時他已和第三國際的人有了

---

64 蔡和森：《中國共產黨史的發展（提綱）》（1926年），《中共黨史報告選編》，中央檔案館編，北京：中共中央黨校出版社，1982年，8頁。

65 李達：《中國共產黨的發起和第一次、第二次代表大會經過的回憶》，《「一大」前後：中國共產黨第一次代表大會前後資料選編》（二），中國社會科學院現代史研究室、中國革命博物館黨史研究室編，北京：人民出版社，1980年，16頁。

66 《胡適口述自傳》，195頁。

正式的聯繫，恐怕中共也已算成立（雖然還沒開第一次黨代會），他仍希望胡適所說的「英美派」陶履恭（孟和）能到廣州去辦高等師範學校。他在給高一涵和胡適的信中說：「師範必附屬小學及幼稚園，我十分盼望杜威先生能派一人來實驗他的新教育法，此事也請適之兄商之杜威先生。」此時他剛到廣州，尚未與當地人聯繫，但已在考慮「此間倘能辦事，須人才極多，請二兄早為留意」。[67] 可知陳獨秀的心目中，基本還維持著革新與守舊的區分，他並不像後之研究者那樣了解和重視馬克思主義與自由主義的差異，卻敏銳地感覺到了杜威等人的自由主義與社會主義的親近。

從這些公開和私下的言論看，並參照早期中共要員沈雁冰和李達的上述看法，陳獨秀確實未必懂多少馬克思主義，他可能也不那麼懂得自由主義，但對兩者的一些基本準則都有所把握。不論他對兩種主義各自認識到何種程度，陳獨秀那時並不看重兩者的對立，毋寧說他還更注重兩者互補的一面。[68] 胡適把南下前的陳獨秀列入「北大自由主義者」，當然是在一種較寬泛的意義上說的，但彼此皆視為同道，仍在互相援引，則決無疑義。

而且，其它不少被我們視為自由主義者的人，恐怕也未必就更「懂」自由主義。在這批新「出現」的信中，有陳獨秀一九二〇年五月十一日致胡適的信。他明確表示不贊成當時學生繼續罷課，認為「犧牲了數百萬學生寶貴的時間，實在可惜之至」。陳氏建議胡適「邀同教職員請蔡（元培）先生主持北大單獨開課，不上課的學生大

---

67 陳獨秀致高一涵、胡適，1920年12月21日，新出書信。

68 直到1923年7月，作為中共領導的陳獨秀還以為，「適之所信的實驗主義和我們所信的唯物史觀，自然大有不同之點，而在掃蕩封建宗法思想的革命戰線上，實有聯合之必要」。陳獨秀：《思想革命上的聯合戰線》（1923年7月1日），《陳獨秀著作選編》，第3卷，102頁。

可請他走路」。在他看來，這樣的學生留在學校「也沒有好結果」。更重要的是，陳獨秀強調：「政府的強權我們固然應當反抗，社會群眾的無意識舉動我們也應當反抗。」

這是典型的自由主義表達。在那個聽眾決定立說者命運、老師常常跟著學生跑的年代，即使是一些被我們視為自由主義者的讀書人，也未必能認識到這一點，更不用說如此簡明扼要地將其表出。而在陳獨秀，這卻並非一時脫口而出的妙語。到次年六月，他進而在《新青年》九卷二號上公開說：

> 輿論就是群眾心理底表現，群眾心理是盲目的，所以輿論也是盲目的。古今來這種盲目的輿論，合理的固然成就過事功，不合理的也造過許多罪惡。反抗輿論比造成輿論更重要而卻更難。投合群眾心理或激起群眾恐慌的幾句話，往往可以造成力量強大的輿論；至於公然反抗輿論，便不是一件容易的事了。然而社會底進步或救出社會底危險，都需要有大膽反抗輿論的人，因為盲目的輿論大半是不合理的。此時中國底社會裡，正缺乏有公然大膽反抗輿論的勇氣之人！[69]

大約同時，他又給胡適寫信，指責北大的老師們不僅縱容學生運動，自己也鬧索薪風潮。胡適一九二一年七月七日的日記說，「仲甫來一長信，大罵我們——三孟〔蔣夢麟、顧孟餘、陶孟和〕、撫五〔王星拱〕、我——為飯碗問題鬧了一年的風潮，如何對得起我們自己的良心。我覺得他罵的句句都對。這一年半，北京學界鬧的確是飯

---

69 陳獨秀：《隨感錄・反抗輿論的勇氣》（1921年6月），《新青年》，9卷2號（1921年6月），《陳獨秀著作選編》，第2卷，381頁。

碗風潮。」隔天胡適又邀正在調停學潮的蔣夢麟來談，「我把仲甫的信給他看，他也覺得仲甫的話不錯」。[70] 這已是中共一大召開之後了，陳獨秀仍堅持學者在學潮方面不應「投合群眾心理」，而應具有「公然大膽反抗輿論的勇氣」。

任何「主義」，不僅需要學理的系統表述，也體現在日常的言動之中。[71] 據前引胡適的想法，陳獨秀在北大不致十分左傾，是因為頗受他和陶孟和等「英美派」的影響，尚能維持自由主義的立場。但至少在學潮方面，陳獨秀似乎比這些「英美派」學人更堅定地站在自由主義的立場之上。所以，「主義」的問題，未必可以簡明扼要地「說清楚」。若說陳獨秀對馬克思主義和自由主義的一些基本準則都有所把握，卻也不至於離譜。

另一方面，陳獨秀本性情中人，也就在這段時間裡，他曾因《新青年》事而大怒，寫出了幾乎與胡適和陶孟和絕交的信。過去探索《新青年》同人分裂的研究者，未曾看見這些非常重要的信函。下面就通過這些新出信件，來看看那時到底發生了什麼事。我會儘量多使用這些新出信件的內容，對於他人據既存材料已說過的，僅簡短述及。

四　《新青年》的轉向

陳獨秀南下上海後所發生的一件事，是《新青年》與其長期合作夥伴群益書社決裂，改由「新青年社」獨立發行。事情的起因是七卷六號的刊物頁數增加很多，書社要提高定價，而陳獨秀不同意，終至

---

70 《胡適日記全編》，1921年7月7日、7月8日，第3冊，362、364-365頁。

71 參見王汎森：《「煩悶」的本質是什麼——「主義」與近代私人領域的政治化》，《思想史》（臺北），待刊。

決裂。此事汪原放在其《回憶亞東圖書館》中曾說到，大體不差。他的叔叔汪孟鄒（亞東圖書館老闆）當時試圖為兩邊說和，而陳獨秀大發脾氣，無論怎麼說都不能成功。平心而論，大量增加頁數而以原價出售，就要虧本，從商人立場確實很難接受。但陳獨秀的動怒，也有他的考慮。[72]

陳獨秀在一九二〇年五月的三封信裡都說及此事，他在七日致胡適、李大釗的信中說，「因為《新青年》六號定價及登告白的事，一日之間我和群益兩次衝突。這種商人，既想發橫財，又怕風波，實在難與共事」。此後五月十一日和十九日，又兩次致函胡適，表示「我對於群益不滿意不是一天了，最近是因為六號報定價，他主張至少非六角不可。經我爭持，才定了五角。同時因為怕風潮，又要撤銷廣告。我自然大發窮氣。衝突後他便表示不能接辦的態度。我如何能去將就他，那是萬萬做不到。群益欺負我們的事，十張紙也寫不盡。」總之，「群益對於《新青年》的態度，我們自己不能辦，他便冷淡倨傲，令人難堪；我們認真自己要辦，他又不肯放手」。

從這幾封信可知，確如汪原放所說，衝突的起因是加價問題。價格最後雖以妥協了結，但顯然已傷了感情。群益書社恐怕還是想要繼續合作，不過總以商人的方式討價還價，難為心直口快的陳獨秀所接受。由於早有不滿，陳氏也先有考慮。他在四月二十六日就發出一封給十二位《新青年》同人的「公信」，提出第七卷結束後「擬如何辦法」，要他們「公同討論賜復」。陳獨秀提出的問題有：一、是否接續出版？二、原定發行合同已滿期，「有無應與交涉的事」？可知那時他已啟不續約之心。而群益書社要求提價，更助長了陳的不合作情緒。

陳獨秀在五月七日給胡適的信中說，只有自己發起一個書局，才

---

72 汪原放：《回憶亞東圖書館》，54頁。

可避免「我們讀書人日後受資本家的壓制」。這恐怕是他怒不可遏的思想根源。中國讀書人對商人既打擊又依賴的歷史已延續了至少兩千年，何況又有舶來的「資本家」新概念為之助，更強化了彼此的不信任。而群益書社以不續辦相威脅，既說明他們對合作者的個性不夠了解，更證明了自身的商人氣味。此後又表示不肯放手，恐怕也表述得不夠謙恭，不足以為「讀書人」陳獨秀所接受，事遂不能挽回。這件事與當時的「主義」和新舊思想傾向無關，卻也反映出思想上的歷史積澱。

陳獨秀在四月二十六日的「公信」中，還提出了關於刊物編輯人的三種選項：一是由在京諸人輪流擔任，二是由在京一人擔任，三是由他在滬擔任。這封信似乎沒引起北京同人的即刻重視，陳氏又在五月七日致胡適、李大釗的信中再提出：

> 前因《新青年》事，有一公信寄京，現在還沒有接到回信，不知大家意見如何？……《新青年》或停刊，或獨立改歸京辦，或在滬由我設法接辦（我打算招股自辦一書局），兄等意見如何，請速速賜知。

為了日後不受資本家壓制，陳獨秀自己顯然傾向後者，而招股自辦書局就是他落實第三項建議的具體規劃。他告訴兩人：「章程我已擬好付印，印好即寄上，請兄等切力助其成。」這一次陳獨秀的要求得到了貫徹，從胡適和周作人的日記可知，有十二位北京同人應胡適之邀於五月十一日在公園討論了《新青年》辦刊事宜，但似乎並未涉及根本。周作人日記中明言那次聚會是討論第八卷的事，而陳獨秀自

已問的也是第七卷結束後「擬如何辦法」。[73]

就在北京同人聚會的同一天，著急的陳獨秀再函胡適：「究竟應如何處置，請速速告我以方針。」胡適隨即有兩信回覆陳獨秀，大概除贊成自辦發行和建議用「新青年社」的名稱外，並未明確答覆陳獨秀提出的三項建議，甚或表示了對發行興趣不大。陳對這種只討論近期事項的處理顯然不滿意，他在五月十九日致函胡適說：

（1）「《新青年》社」簡直是一個報社的名子，不便招股。

（2）《新青年》越短期，越沒有辦法。單是八卷一號，也非有發行不可。墊付印刷紙張費，也非有八百元不可。試問此數從哪裡來？

（3）著作者只能出稿子，不招股集資本，印刷費從何處來？著作者協濟辦法，只好將稿費併入股本。此事我誓必一意孤行，成敗聽之。

（4）若招不著股本，最大的失敗，不過我花費了印章程的九角小洋。其初若不招點股本開創起來，全靠我們窮書生協力，恐怕是望梅止渴。

此後陳獨秀或也略有妥協，他接受了「新青年社」的存在，同時決定招股自辦一個「興文社」。陳氏在五月二十五日致函胡適，說明「群益不許我們將《新青年》給別人出版，勢非獨立不可」。他打算讓興文社和新青年社分立，為節省經費，可合租一發行所。「如此，八卷一號的稿子，請吾兄通知同人從速寄下，以便付印。此時打算少印一點（若印五千，只需四百餘元，不知北京方面能籌得否？倘不足

---

73 《周作人日記》，1920年5月11日，中冊，123頁；《胡適日記全編》，1920年5月11日，第3冊，170頁。

此數，能有一半，我在此再設法），好在有紙板隨時可以重印。」陳獨秀強調，獨立自辦之初，內容應當更好，「吾兄及孟和兄雖都有一篇文章在此，但都是演說稿，能再專做一篇否」？同時請胡適將幾位同人進行中的稿件「分別催來」。

五月三十日，北京同人再次就《新青年》事聚談，結果不詳。但大體的態度相對消極，似乎看陳獨秀意志堅決，遂由他隨意進行，卻也並不積極支持。陳獨秀七月二日寫信給高一涵說：

> 《新青年》八卷一號，到下月一號非出版不可。請告適之、洛聲二兄，速將存款及文稿寄來。興文社已收到的股款只有一千元，招股的事，請你特別出點力才好。適之兄曾極力反對招外股，至〔如〕今《新青年》同人無一文〔此「文」指錢，係「一文錢」之省〕寄來，可見我招股的辦法未曾想錯。文稿除孟和夫人〔沈性仁〕一篇外，都不曾寄來，長久如此，《新青年》便要無形取消了。奈何！

陳獨秀在一九一六年曾參與群益書社與亞東圖書館合組新公司的招股活動，到北京募集股本。他當年曾致函胡適，自稱北上月餘，便募集十萬元。[74] 那時十萬元可不是小數目，即便有些誇大，實際數額也當不小。適逢蔡元培請他作北大文科學長，遂未再參與此事。但或許就是那時的成績，給了陳獨秀招股辦書局的自信。如今陳獨秀的名聲應較前些年更有號召力，而興文社不過收到股款一千元，實在有些今非昔比。究竟是整體的世風變了，還是上海人不如北京人愛好「文化」，都還是可考的問題。

---

74 陳獨秀：《致胡適》（約1917年1月），《胡適來往書信選》，上冊，6頁。

從陳獨秀稍後給程演生的幾封信看，他似已放棄另立「興文社」的計劃，仍採用「新青年社」的名目募款，但效果也不佳。[75] 而既與群益書社脫鉤，又沒有固定的經費來源，恐怕也是導致《新青年》後來成為中共刊物的一個原因。原本與思想傾向無關的技術性環節，也可能發酵成為一個起作用的因素。

比經費更嚴重的問題，是北京同人幾乎都不曾以文稿表示支持，顯然對刊物偏向政治而疏離於學術思想不滿。過去在《新青年》同人間劃線分派的研究者，似未充分注意這一耐人尋味的現象。當時胡適在南京高師的暑期學校作系列演講，陳獨秀在八月二日特別致信胡適說，八卷一號不做文章就算了，但二號就要「強迫你做一篇有精彩的文章」。他甚至給出了文章的主題，即中國人的思想是萬國虛無主義的總匯，包括老子學說、印度空觀、歐洲形而上學及無政府主義，可以說「世界無比」。故「《新青年》以後應該對此病根下總攻擊。這攻擊老子學說及形而上學的司令，非請吾兄擔任不可」。[76]

先是胡適等北大人在一九二〇年八月一日的《晨報》刊出一篇《爭自由的宣言》，提出「我們本不願意談實際的政治，但是實際的政治卻沒有一時一刻不來妨害我們」。在「政治逼迫我們到這樣無路可走的時候，我們不得不起一種覺悟：認定政治如果不由人民發動，斷不會有真共和的實現」。不過，《宣言》明確了實現之法，就是先「養成國人自由思想、自由評判的真精神」。[77]

---

75 陳獨秀：《致程演生》（1920年6月15日、6月17日），沈寂輯注：《陳獨秀遺簡（二）》，《安徽史學》1985年3期，71-72頁；陳獨秀：《致程演生》（1920年8月2日）；陳獨秀：《致王星拱、程演生》（1920年8月7日），沈寂輯注：《陳獨秀遺簡（三）》，《安徽史學》1985年6期，均71頁。

76 陳獨秀：《致胡適（殘）》（1920年8月2日），《胡適來往書信選》，上冊，107頁。

77 宣言全文錄在《李大釗文集》，李大釗研究會編，北京：人民出版社，1999年，第5冊，337-339頁。

　　陳獨秀隨後在《新青年》八卷一號頭版的《談政治》一文中說，中國主張不談政治的約有三派：即學界、商界和無政府黨人，胡適就是前者的代表之一。他引用《爭自由的宣言》中「實際的政治卻沒有一時一刻不來妨害我們」一語，說胡適等「要除去這妨害，自然免不了要談政治」。[78] 這已有些佔便宜的意思，若由胡適來攻擊無政府主義，等於是讓主張不談政治的第一派來攻擊第三派，就更意味深長了。胡適看了《談政治》，自不會接受這一命題作文。

　　過去很多人都把陳獨秀《談政治》一文視為《新青年》轉向的重要標誌，然而從此前一信看，陳獨秀仍表出了應針對中國人思想病根下總攻擊的立意，至少無意將刊物改變成一個政論性的刊物。儘管他稍後仍說，「因為我們不是無政府黨人，便沒有理由可以宣言不談政治」。[79] 但在其開始轉變之時，仍試圖順應北京同人側重思想的傾向。

　　後來陳獨秀自己寫出了他對無政府主義的想法，以為「近來青年中頗流行的無政府主義，並不完全是西洋的安那其」，而是「固有的老、莊主義復活，是中國式的無政府主義。所以他們還不滿於無政府主義，更進而虛無主義，而出家，而發狂，而自殺」。這「是青年底大毒」。他主張，只有「從政治上、教育上施行嚴格的干涉主義」，「早日造成一個名副其實的『開明專制』之局面」，中華民族的腐敗墮落方可救治。而要這樣做的「最大障礙，就是我們國民性中所含的懶惰放縱不法的自由思想。鑄成這腐敗墮落的國民性之最大原因，就是老、莊以來之虛無思想、放任主義」。[80] 其言外之意，思想和政治

78 陳獨秀：《談政治》，《新青年》8卷1號（1920年9月），《陳獨秀著作選編》，第2卷，249-250頁。

79 陳獨秀致胡適等，1921年1月9日，新出書信。

80 陳獨秀：《隨感錄·中國式的無政府主義》，《新青年》9卷1號（1921年5月），《陳獨秀著作選編》，第2卷，376頁。

不能兩分，當以政治上的干涉主義來對抗虛無思想、放任主義。

　　胡適此前雖未接受陳獨秀的命題作文，顯然受到其影響，且不排除後來直接受到此短文的影響。他在一九二一年六月十八日的日記中說，「現在的少年人把無政府主義看作一種時髦東西，這是大錯的」，頗像是在引述陳獨秀的文字。胡適強調：「我們現在決不可亂談無政府；我們應談有政府主義，應談好政府主義！」同年八月初在安慶，他「第一次公開的談政治」，講的就是「好政府主義」，明言他所說的好政府主義是有政府主義，是反對無政府主義的。[81] 可知陳獨秀對胡適的影響，在逐步發酵。

　　也是在《新青年》八卷一號之上，刊出了《本志特別啟事》，宣稱「本志自八卷一號起，由編輯部同人自行組織新青年社，直接辦理編輯印刷發行一切事務」。這大概是針對此前關於第七卷的合同，揆諸此前往還信件和別的文獻，似未見「新青年社」相應的實際行動，可知該社不過是對外宣布「自行組織」，基本仍是陳一人在操辦，僅維持著團體的外表而已。

　　傅斯年後來說，《新青年》可以分做三個時期，一是一九一七年夏以前，是陳獨秀獨力編著的；二是一九一七年夏至一九二〇年初，是陳「與當時主張改革中國一切的幾個同志，特別是在北京大學的幾個同志共辦的，不過他在這個刊物中的貢獻比其它人都多」。三是自一九二一年初算起，「這個刊物變成了共產主義的正式宣傳刊物，北大的若干人如胡適之先生等便和這個刊物脫離了關係」。而《新青年》的轉向，也有個過程，「自第六卷起漸注重社會問題，到第七卷的下半便顯然看出馬克思主義的傾向」，八卷以後，對社會主義的傾向才「具體化」。[82]

81　《胡適日記全編》，1921年6月18日、8月5日，第3冊，325、414-417頁。

82　傅斯年：《陳獨秀案》（1932年），《獨立評論》第24號，3、5頁。

　　當年傅先生雖是學生，卻參與北大諸多事務，與胡適、李大釗、周作人等往還甚多，是深知內情的人。他這一分期顯然經過仔細斟酌，特別是把1920年初到1921年初這一年的時間劃為二三期之間的過渡期，尤顯分寸。實際上，1921年1月出版的8卷5號上，仍有胡適的文字。所謂「脫離關係」，只能在此之後。[83] 換言之，即使在8卷1號的新傾向已經很明顯後，《新青年》的北京同人還在試圖尋求妥協，直到陳獨秀在上海引進新人參與編輯，才導致最後的分裂。

五　《新青年》編輯部改組風波

　　1920年12月，陳炯明請陳獨秀到粵主持廣東全省教育。陳獨秀在月初致函李大釗、胡適等九人，說自己將赴廣州，「此間編輯事務已請陳望道先生辦理，另外新加入編輯部者，為沈雁冰、李達、李漢俊三人」。該信仍是胡適在處理，他在信上批註：「請閱後在自己名字上打一個圈子，並請轉寄給沒有圈子的人。」[84] 由於這是「公信」，說得較為「客觀」，沒什麼解釋。

　　陳獨秀於12月16日動身前夕，又致信胡適、高一涵，進一步申說其意。他表示，近來「《新青年》色彩過於鮮明，弟近亦不以為然。陳望道君亦主張稍改內容，以後仍以趨重哲學文學為是。但如此辦法，非北京同人多做文章不可。近幾冊內容稍稍與前不同，京中同人

83　8卷5號是在上海的陳望道開始負責《新青年》的編輯工作，他在1921年1月15日致信（明信片）胡適說：「來函敬悉。大作已載在《新青年》八卷五號了。《新青年》內容問題，我不願意多說話，因為八卷四號以前，我純粹是一個讀者；五卷〔號〕以後，我也只依照多數意思進行。」陳望道：《致胡適》（1921年1月15日），《胡適遺稿及秘藏書信》，第35冊，419頁。

84　陳獨秀：《致李大釗、胡適等》（1920年12月初），《胡適來往書信選》，上冊，116頁。

來文太少，也是一個重大的原因」。[85] 他在十二月二十日到廣州的次日，再寫信給二人，述說了前引希望杜威能派一人來實驗其新教育等事。顯然，陳獨秀當時並不覺得他對編輯部的處置有什麼不妥，對北京同人的感覺也不錯。

但北京同人顯然對陳獨秀把《新青年》編輯事務交與他人，並讓編輯部新增數人的做法非常不滿。[86] 這在很大程度上或許即歸因於所謂「新青年社」並未正式「由編輯部同人自行組織」，則每個人都可認為自己是「社員」，同時也覺得對「編輯部」的擴充有發言權。最先表態的是陶履恭，由於當時官方已「不准郵寄」《新青年》，陶氏主張不妨「就此停版」，並建議「日內開會討論一番，再定如何進行」。[87] 這與大家此前對陳獨秀辦刊的放任態度，已經很不相同了。

北京同人的不快，系統表述在稍後胡適給陳獨秀的信中。對陳獨秀所說《新青年》「色彩過於鮮明」，胡適表示已經難以抹淡，蓋「北京同人抹淡的工夫，決趕不上上海同人染濃的手段之神速」。他提出三個解決辦法：一是「聽《新青年》流為一種有特別色彩之雜誌，而另創一個哲學文學的雜誌」；二是恢復「不談政治」的戒約，從九卷一號起把《新青年》編輯事務移歸北京同人處理，並發表一個新宣言，「注重學術思想藝術的改造，聲明不談政治」；三即陶履恭所建議的「暫時停辦。但此法與『新青年社』的營業似有妨礙，故不如前兩法」。胡適表示，他以外至少有六人贊同第一二兩法。不過，胡適在

85 陳獨秀：《致胡適、高一涵》（1920年12月16日），《陳獨秀書信集》，北京：新華出版社，1987年，292-293頁。

86 如錢玄同於12月16日致信周作人：「我現在對於陳望道編輯《新青年》，要看他編輯的出了一期，再定撰文與否。如他不將他人底稿改用彼等——『哪』『佢』……——字樣，那就不說什麼；否則簡直非提出抗議不可了。」《錢玄同文集》，北京：中國人民大學出版社，1999年，第6卷，41頁。

87 陶孟和：《致胡適》（1920年12月14日），《胡適來往書信選》，上冊，116頁。

信中使用了「上海同人」的說法，信末並云「此信我另抄一分，寄給上海編輯部」，似已實際接受陳獨秀的擴軍。[88]

這一次，脾氣不好的陳獨秀又大怒了。他在一九二一年一月九日給胡適等九人發出一封公信。此信重要，茲錄如次：

適之先生來信所說關於《新青年》辦法，茲答覆如左：

第三條辦法，孟和先生言之甚易。此次《新青年》續出，弟為之甚難。且官廳禁寄，吾輩仍有他法寄出，與之奮鬥（銷數並不減少）。自己停刊，不知孟和先生主張如此辦法的理由何在？閱適之先生的信，北京同人主張停刊的並沒有多少人，此層可不成問題。

第二條辦法，弟雖離滬，卻不是死了。弟在世一日，絕對不贊成第二條辦法。因為我們不是無政府黨人，便沒有理由可以宣言不談政治。

第一條辦法，諸君盡可為之，此事於《新青年》無關，更不必商之於弟。若以為別辦一雜誌，便無力再為《新青年》做文章，此層亦請諸君自決。弟甚希望諸君中仍有幾位能繼續為《新青年》做點文章。因為反對弟個人，便牽連到《新青年》雜誌，似乎不大好。

再啟者：前擬用同人名義發起新青年社，此時官廳對新青年社頗忌惡，諸君都在北京，似不便出名，此層如何辦法，乞示知。又白

---

88 胡適：《答陳獨秀》（約1920年底），《陳獨秀書信集》，293-294頁。按胡適覆信時尚未收到周樹人、周作人的回應，隨後魯迅代表二人說，周作人以為「照第二個辦法最好」。他自己則以為三個都可以。但如北京同人一定要辦，仍以「第二個辦法更為順當」，卻不必「發表新宣言說明不談政治」。魯迅：《致胡適》（1921年1月3日），《魯迅全集》，第11卷，371頁。則所有人都不同程度地表示了贊同胡適的提議。

　　從前幾封信看，陳獨秀本帶著較好的心情離滬赴粵，且對自己的主張並無多少不好的感覺。他自有其理由：北京同人既不怎麼出款，又不寄稿，上海不另找人，稿件從何而來？且此信明確了「新青年社」實際並未組成，所以對他也沒有什麼太明確的約束。最主要的當然是他正在廣州滿腔熱情地張羅，忽然被潑冷水，心情難以扭轉，說話也就情緒十足了。其實陳氏自己在四五月間曾兩次提出三項建議，都包括不繼續出版的選項，所以陶履恭的建議並不太出格。但因陳獨秀心緒已不佳，再加上他注意到北京同人多不贊成停刊，故懷疑陶履恭已被梁啟超等「研究系」收買，單獨給陶寫了一封幾乎絕交的信（原信未見，從胡適回信中得知）。

　　胡適隨即回信陳獨秀，說他「真是一個鹵莽的人」。他特別強調，梁啟超等人與《新青年》同人，是「我們」與「他們」的關係，長期處於競爭之中，最近還有日趨激烈的趨勢。換言之，陳獨秀對陶履恭的懷疑，幾乎等於認友為敵。但胡適表示，「我究竟不深怪你，因為你是一個心直口快的好朋友」。他提醒陳獨秀，現在謠言甚多，「北京也有『徐樹錚陸軍總長、陳獨秀教育總長』的話」。若這也相信，豈不也可以像陳獨秀警告陶履恭一樣說出什麼「一失足成千古恨」的話？胡適並說，「這事，我以後不再辦了」，頗有些「言盡於此」的味道，顯然他也「往心裡去」了。[89]

　　胡適關於「我們」與「他們」的描述，是比較貼切的。按照沈雁冰的回憶，梁啟超等人想要獨立從事文化事業的「群體自覺」，恰在這段時間才明朗化。張東蓀本也是談唯物史觀的，並曾參與在上海籌組共產黨的活動。後得「隨梁任公游歐之某某函告，彼等一系之政治立場及文化工作方策，經已決定」，乃「不能不改變論調」，使人感覺

89　胡適：《致陳獨秀（稿）》（1921年初），《胡適來往書信選》，上冊，119-120頁。

其言論「判若兩人」。[90] 而張東蓀「議論大變」後，陳獨秀本人就和他辯論過，這對他應該是記憶猶新的事。[91]

這是當時的敏感話題，一時「北京同人」紛紛就「研究系」問題表態。錢玄同勸解說，「仲甫本是一個鹵莽的人，他所說那什麼研究系底話，我以為可以不必介意。我很希望你們兩人別為了這誤會而傷了幾年來朋友的感情」。蓋陳獨秀「本是老同盟會出身，自然容易和國民黨人接近；一和他們接近，則冤枉別人為研究系的論調，就不知不覺地出口了」。其實，「廣東、上海本來是一班浮浪淺薄的滑頭底世界。國民黨和研究系，都是『一丘之貉』」。[92] 在給周氏兄弟的信中，錢氏明言：「所謂長江流域及珠江流域的議論，大概就是邵力子、葉楚傖、陳望道等人的議論。」陳獨秀「疑心適之受了賢人系的運動，甚至謂北大已入賢掌之中」，就是受了這些人的影響而「神經過敏」。[93]

李大釗也對胡適說，「關於研究系謠言問題，我們要共同給仲甫寫一信，去辨明此事」。則在《新青年》「北京同人」眼中，「我們」與「他們」或許有各種不同的區分，但「研究系」的異己性，似乎超過蘇俄、勞農等標籤。李大釗進而說，「現在我們大學一班人，好像一個處女的地位，交通、研究、政學各系都想勾引我們，勾引不動就給我們造謠」。而「國民系看見我們為這些系所垂涎，便不免引起點

---

90 沈雁冰：《客座雜憶──〈新青年〉談政治之前後》，《茅盾全集》，第12卷，96頁。

91 張東蓀：《由內地旅行而得之又一教訓》，《時事新報》1920年11月6日，2張1版；陳獨秀：《關於社會主義的討論》，《新青年》8卷4號（1920年12月）、《社會主義批評》，《新青年》9卷3號（1921年7月），《陳獨秀著作選編》，第2卷，303-310、338-350頁。

92 錢玄同致胡適，1920年底至1921年初，新出書信。

93 錢玄同：《致魯迅、周作人》（1921年1月11日），《錢玄同文集》，第6卷，14-16頁。實際上，胡適不久即捲入「好人政府」的活動，儘管仍與研究系競爭（參見羅志田：《再造文明的嘗試：胡適傳》，206-214頁）。錢玄同的政治眼光，顯然不如陳獨秀。

醋意，真正討嫌」！[94] 這是一個萌芽中的重要現象——或因「五四」的推動，北大的新派諸人已成各方面接近的對象。在大家都感覺北大諸多不順之時，李大釗能看到這一發展中的權勢轉移，眼光甚敏銳。

同時，李大釗另給胡適一信，表示「對於《新青年》事，總不贊成分裂。商議好了，出兩種亦可，同出一種亦可」。若是《新青年》「演起南北對峙的劇來，豈不是要惹起旁人的笑死」！儘管他也說知道胡適和陳獨秀「都不是一定要搶《新青年》這個名稱，還是主義及主張有點不同的緣故」。同時承認自己的主張「與仲甫的主張相近」，但仍強調：「不拘《新青年》在哪裡辦，或是停辦，總該和和氣氣商量才是。」陳、胡二人的「朋友交情」，不能「因此而大傷」！若《新青年》「是你的或是他的，我們都可以不管；如果大家都與他有點關係，我們也不應該坐視你們傷了感情」。他並表示，仍將嘗試進行調停。[95]

那時李大釗調停的對象，似乎首先針對錢玄同和周氏兄弟。他給錢玄同的信說：「仲甫由粵寄來信三件，送上。看過即轉交豫才、啟明兩先生。他們看過，仍還我，以便再交別人。」錢玄同自己的感覺，是「陳、胡二公已到短兵相接的」程度，[96] 大概陳獨秀那幾封信的口氣已甚尖銳。錢的日記說，「接守常信，知仲、適兩人意見衝突，一則主張介紹勞農，又主張談政；一則反對勞農，又主張不談政治」。他自己兩皆不以為然，視之為「豬頭問題」，但他第二天仍為此事「往與守常商量」。[97]

---

94 李大釗：《致胡適》（1921年1月18日），《李大釗文集》，第5冊，299頁。

95 李大釗致胡適，1920年底至1921年初，新出書信。

96 李大釗：《致錢玄同》（1921年1月上旬）、錢玄同：《致魯迅、周作人》（1921年1月11日），《錢玄同文集》第6卷，14-16頁。

97 《錢玄同日記》，1921年1月18日、1月19日，第4冊，1930、1931頁。

　　隨著事態的發展，胡適很快發現，北京同人因陳獨秀的動怒似乎對他有些「誤會」，於是在一月二十二日給北京同人寫了一封詳細的信，特別附上他給陳獨秀的原信和陳獨秀給陶履恭的信，以說明情況。胡適在信中不得不兩次說「我並不反對獨秀」和「我也不反對《新青年》」，他不過盼望《新青年》像陳獨秀說的那樣「稍改變內容，以後仍以趨重哲學文學為是」。這裡的《新青年》，當然是特指，即那個已經轉向、而北京同人此前並未特別支持的《新青年》。胡適表示，他現在「很願意取消『宣言不談政治』之說，單提出『移回北京編輯』一法」；蓋正因刊物「此時在素不相識的人的手裡」，故北京同人未曾多做文章。他要求各位同人對他的建議「下一個表決」。[98]

　　這一次，各人意見很不一致。此前的研究者未能看到上面那封陳獨秀「誤解」的原信，所以影響了對胡適建議和其它同人反應的理解。現在此信「出現」，很多事情都更清楚了。基本上，雖然多數人不無保留地贊同了胡適移京編輯的意見，但都強調了任何處置都應堅持陶履恭所說的不能「破壞《新青年》精神之團結」的原則。團結體現在「精神」上，這一用語相當有分寸，尤其周作人和魯迅都指出了「現在《新青年》的趨勢是傾於分裂的，不容易勉強調和統一」的現實。[99] 胡適此信及北京同人的各種反應，過去都能看到，也早有人使用，就不在這裡詳細引述了。

　　隨後胡適在二月六日致函陳獨秀說明情況，陳獨秀在二月十五日覆信，說「現在《新青年》已被封禁，非移粵不能出版，移京已不成

---

98 胡適：《致李大釗等》（1921年1月22日），《胡適全集》，合肥：安徽教育出版社，2003年，第23卷，290-292頁。

99 各收信人對胡適原信的「表決」意見，1921年1月22-26日，《胡適全集》，第23卷，292-293頁。

問題」，算是為此事劃上句號。[100] 或許是胡適的解釋澄清了誤解，或許是分裂已成事實，陳獨秀此函雖仍有一些不和諧的意思，口氣卻相當溫和，大概也是在試圖維持彼此間「精神之團結」。他當然知道「分裂」的實際後果，在同一天寫給魯迅、周作人的信中說，「北京同人料無人肯做文章了，唯有求助於你兩位」了。[101]

六　餘論：「五四」比我們認知的更豐富

《新青年》的分裂和停辦，也代表著一個時代的結束。魯迅後來說，「自從支持著《新青年》和《新潮》的人們風流雲散以來」，一九二〇至一九二二年間的北京，「顯著寂寞荒涼的古戰場的情景」。隨後嶄露頭角的是《晨報副刊》和《京報副刊》，但「都不是怎麼注重文藝創作的刊物」。[102] 新文化運動本發源於文學革命，使「學術思想藝文的氣息濃厚起來」，[103] 曾是《新青年》多數同人的願望。「文藝創作」的淡出，與《新青年》的分裂有著直接的關聯。

不過，《新青年》的當事人雖然實際分裂，其「精神團結」確實仍在維持，即使在已經成為中共刊物之後亦然。老朋友間的感情也並未改變，這次新出的信中還有好幾封此後陳獨秀給胡適的信，充分體現了兩人思想雖漸不一致，友情仍繼續維持。同時，這些信件表明，胡適、沈雁冰和汪原放等人的回憶文字，已大致梳理出事情的脈絡，卻未被看重，研究者也不怎麼引以為據，很可以引起我們的反思。

胡適曾強調，影響歷史的因素是多元的，如民初的文學革命思

---

100 陳獨秀：《致胡適》（1921年2月15日），《陳獨秀書信集》，308-309頁。
101 陳獨秀：《致魯迅、周作人》（1921年2月15日），《陳獨秀書信集》，309頁。
102 魯迅：《中國新文學大系‧小說二集序》，《魯迅全集》，第6卷，245頁。
103 魯迅：《致胡適》（1921年1月3日），《魯迅全集》，第11卷，371頁。

想，就是「許多個別的、個人傳記所獨有的原因合攏來烘逼出來的」。歷史事實的形成，「各有多元的、個別的、個人傳記的原因」，其解釋自不能太單一。「治歷史的人應該向這種傳記材料裡去尋求那多元的、個別的因素」，不必總想「用一個『最後之因』來解釋一切的歷史事實」。[104] 同理，《新青年》的轉向和同人的分裂，也是「許多個別的、個人傳記所獨有的原因合攏來烘逼出來的」。

我們久已習慣於把一種有代表性的傾向視為「整體」，其實不然。尤其很多時候並存著不止一個代表性傾向，各傾向間可能還存在著緊張和衝突。這些傾向彼此相互關聯，都是整體的組成部分，卻不必就是整體本身。任何代表性傾向自然與當時當地的人心所向密切關聯，體現出當事人關懷的重心和變化，必須予以足夠的關注；但在充分關注代表性傾向的同時，讀史者也不能讓傾嚮之外的各種內容溜過去。

在這次新出的信件中，還有一封錢玄同一九二一年二月一日致胡適的信，是在胡適要求同人「表決」關於《新青年》是否移京編輯之後所寫，他在表態之餘特別聲明：

> 我對於《新青年》，兩年以來，未撰一文。我去年對羅志希說：『假如我這個人還有一線之希望，亦非在五年之後不發言。』這就是我對於《新青年》不做文章的意見。所以此次之事，無論別組或移京，總而言之，我總不做文章的（無論陳獨秀、陳望道、胡適之⋯⋯辦，我是一概不做文章的。絕非反對誰某，實在是自己覺得淺陋）。

這是錢玄同的老實話，類似的意思他在別處也曾表述過。陳獨秀

---

104 胡適：《中國新文學大系・建設理論集導言》（1935年9月），《胡適全集》，第12卷，274-276頁。

此前給周作人的信就說：「玄同兄總是無信來，他何以如此無興致？無興致是我們不應該取的態度，我無論如何挫折，總覺得很有興致。」[105] 這倒很能體現兩人性格的差異，陳獨秀不僅以「終身的反對派」著稱，他之所以能屢折屢起，恐怕正依靠這「總覺得很有興致」的精神。

錢玄同這段話可以提醒我們的是，當《新青年》面臨轉向和分裂之時，對個人而言，不寫文章並不一定意味著就站在某一邊（若是群體的不寫，自然代表著某種傾向性）。過去的研究常喜歡劃線分派，實際上，李大釗在這一事件的多數時候並未偏向陳獨秀一邊，頗能說明意識形態未必是一個選擇的關鍵。而魯迅雖然更喜歡陳獨秀的為人，也反對「發表新宣言說明不談政治」，卻支持胡適讓「學術思想藝文的氣息濃厚起來」的主張，還說他所知道的幾個讀者也「極希望《新青年》如此」。[106] 另一方面，與思想傾向關係不大的經費問題，反倒可能是使刊物與中共聯繫起來的一個實際考量因素，儘管目前尚未見到明顯的依據。

在一個充滿了矛盾、衝突和激情的時代，發生在當時的任何事情，多少都帶有時代的烙印。特定的「主義」或思想傾向，可能影響具體人物的歷史選擇，卻不一定足以解釋其言動。「五四」的人和事，也只能「見之於行事」，通過充滿了矛盾、衝突和激情的歷史活動來理解和認識。

不論對當事人還是對後之研究者而言，「五四」恐怕都是一個涵蓋極為複雜的符號和象徵，很難一言以蔽之。正因個人傳記材料是認識歷史和解釋歷史的一個要項，這次新出現的相關信件，不僅讓我們

---

105 陳獨秀致周作人，1920年8月13日，引在周作人：《實庵的尺牘》，鍾叔河編訂：《周作人散文全集》，桂林：廣西師範大學出版社，2009年，第9卷，611頁。

106 魯迅：《致胡適》（1921年1月3日），《魯迅全集》，第11卷，371頁。

更進一步地知道了《新青年》究竟是怎樣轉向，也對我們理解和認識「五四」的豐富性，有著特殊的意義。

原刊《天津社會科學》二〇一三年三期

課業與救國：從老師輩的即時觀察認識「五四」的豐富性[*]

一　引言

　　「五四運動」向有廣狹兩義：從字面義言，是特指一九一九年那次以學生為主的運動；然而通常說到「五四」，大約都會往前後各推移幾年，是所謂「廣義的五四運動」（也有人名為「新文化運動」）。兩種「五四」的並用已經約定俗成，且今人已在思考怎樣繼承「五四遺產」，其實不論廣義還是狹義的「五四」，都未到蓋棺論定的程度。

　　據說老子曾對孔子說：「六經，先王之陳跡也，豈其所以跡哉！今子之所言，猶跡也。夫跡，履之所出，而跡豈履哉！」這是《莊子·天運》中所言，義甚悠遠。如果「履之所出」乃履跡而非履，而昔人之陳跡未必是其「所以跡」，則西方文論所謂文本一經產生，即具有了脫離母體（即作者）的獨立生命，似亦可由此索解。章學誠就曾說，文本一經寫定，解讀就變化多端；所謂「言一成，而人之觀者，千百其意焉，故不免於有向而有背」。[1]

　　在某種程度上，歷史敘述中的「五四」，就像一個涵義豐富的文本，早已被歷來的眾多解讀者「千百其意」了。然而文本不論多獨

---

*　本文使用的許多材料，承北京大學歷史系王波、周月峰、薛剛、高波等同學提示或協助複製，特此致謝！
1　章學誠：《文史通義·朱陸》，北京：中華書局，1956年，56頁。

立，仍有其產生的母體。從時間視角看，其實也可以說，文本一產生，就已經是過去式，也就成為歷史了；而與其相關的語境，自然同樣是歷史的。不論是就文本解讀文本，還是將文本置於其產生的語境中解讀，恐怕都不能不考慮歷時性的因素。熟讀老莊的魯迅主張：「倘要論文，最好是顧及全篇，並且顧及作者的全人，以及他所處的社會狀態，這才較為確鑿。要不然，是很容易近乎說夢的。但我也並非反對說夢，我只主張聽者心裡明白所聽的是說夢。」[2]

照魯迅的意思，不顧文本作者及其時代而就文本書本的「說夢」取向，是可以存在的；但聽者（即文本詮釋的接受者）應當區分併明了「說夢」與「說事」兩種取向的不同。這樣，若取上述文學批評理論解讀「五四」，最好能指明其所解讀出的，乃是作為「獨立文本」的「五四」之意涵，而非與「作者」關聯的那個「五四」；或將兩者進行區分，讓「聽者心裡明白」他們所聽的是「說夢」還是「說事」。

更重要的是，如果選擇了「說夢」取向，在解讀時當就已「獨立」的文本進行詮釋，而不宜將其解讀還贈文本的作者，指出某某主張如何、某某贊同和反對什麼，等等。不幸的是，一些持「說夢」取向的「五四」研究者，卻未能遵循其所借鑑的理論，常將其想像力豐富的解讀，還贈「五四」的當事人，使我們認知中的「五四」形象更加撲朔迷離。

而「五四」的基本史實，就還很有一些沒搞清楚。僅舉一例，梁啟超曾說，要「了解整個的中國，非以分區敘述為基礎不可」。[3] 即

2　魯迅：《題未定草七》，《魯迅全集》（6），北京：人民文學出版社，1981年，430頁。

3　梁啟超：《中學國史教本改造案並目錄》（1922年），《飲冰室合集・文集之三十八》，北京：中華書局，1989年，27頁。按這是梁啟超那幾年反覆強調的一個取向，他在《清代學術概論》的篇末即希望將來學界能注重「分地發展」的取向，後

便是狹義的「五四運動」，也不僅是發生在北京一地。當年的學生運動多少有些偶然，儘管有很多當事人的回憶，究竟是哪些人實際領導了學生的運動，以及「五四」當天路途上發生了什麼事，迄今尚存爭議。連北京市區的運動過程都不夠清楚，遑論各地的運動了。雖然也有一些地方的資料集和研究文章，增進了我們的認識，但各地的「五四」情形，基本仍不明晰。[4]

在區域因素以外的其它方面，「五四」的歷史和歷史中的「五四」，沒弄清楚的具體內容也還不少，仍需繼續探索。這樣說可能讓有些專門研究五四的學人不快，但在很多人以為主要歷史問題已被研究得差不多的時代，認識到像「五四」這樣的重大事件都還大有可為，不也是快事一椿麼？本文無意於系統的論述，僅從「五四」時當事人中老師一輩的一些即時觀察和事後反思，試探索「五四」本身及後人認知中「五四」那豐富多歧的面相（本文會頻繁使用「五四」一詞來指稱狹義和廣義的「五四運動」，下文除引文外，將不再使用引號）。

二　蔣夢麟對「五四」的即時觀察

惲代英在一九二四年就注意到，那時青年人做文章很喜歡說「自從五四運動以來」，這八個字「久已成了青年人作文章時濫俗的格調」。他特別指出，這表明了一般青年崇拜五四的心理。[5] 幾年後，

又專門作《近代學風之地理的分布》一文，以暢其旨趣。參見梁啟超：《清代學術概論》（1920年），朱維錚校訂，上海：上海古籍出版社，1998年，108頁；《近代學風之地理的分布》（1924年2月），《飲冰室合集·文集之四十一》，48頁。

4　例如，蔣夢麟在「五四」當年的文章中，就反覆說「從北京到廣東，從上海到四川」（蔣夢麟：《這是菌的生長呢還是筍的生長呢》，《晨報·週年紀念增刊》，1919年12月1日，1-2版），但廣東和四川的「五四」，我們現在知道多少？

5　惲代英：《「自從五四運動以來」》，《中國青年》第26期（1924年4月12日），收入《惲代英文集》上卷，北京：人民出版社，1984年，493-496頁。

高一涵在論及「越是老年人，越是樂觀；越是青年人，越是悲觀」這一當時的反常現象時，提醒年輕人說，「只受得住恭維，不能算是好青年；要受得住磨折，才能算是好青年」。歷來的「偉大」多是「咒罵起來的」，而非「崇拜起來的」。[6]

兩人都共同使用了「崇拜」一詞，很能代表當時青年的心態。但青年為什麼會崇拜五四以及他們何以成了崇拜的對象，與五四給他們帶來了什麼直接相關。從這個方面，也可看到當時人承繼了什麼樣的五四遺產。又幾年後的一篇文章說，不少「學生從內地一到上海，第一件事就是縫西裝。以後就是體育、戀愛、和文學。換言之，就是享受『五四』時代爭鬥得來的賜予」。[7] 這裡所說的「學生」，當然只能是相對富裕者。而且這也只是五四遺產的一個面相，與高一涵所說的青年之「悲觀」，恐怕是一個錢幣的兩面。

無論如何，那是一個與今天大不一樣的時代，舊的權威和信仰都受到強烈衝擊，正瀕臨瓦解；年輕人的地位和機會，是今日難以想像的。這也不完全歸因於五四，從晚清以來，尊西、趨新、重少已成為流行的社會和政治風氣。當時很年輕就能成名，北大教授之中，二三十歲者並非少數。那真是一個對年輕人太好的年代。但推崇往往與責任並存，彼時青年的煩惱，似又遠過於其它年齡層次的人（詳另文）。我想，要真正認識五四，理解五四，一定要先回到那個太不一樣的年代之中。

在五四的同時代人眼中，五四究竟改變了什麼？敏銳的觀察者，在五四運動之後不久就感覺到那是一個歷史性的轉變。一般人說到五四的老師輩，通常都聯想到陳獨秀、胡適、魯迅等，其實蔣夢麟也是

6　涵廬：《閒話》，《現代評論》7卷181期（1928年5月26日），9-10頁。

7　仲璋：《上海底文化》，《二十世紀》2卷6期（1933年），175頁。

那一輩的當事人之一。由於因緣際會，他半偶然地在五四後代理了一段時間的北大校長。蔣氏敏銳地意識到時代的變化，從當年九月底到十一月初，有意進行了相對廣泛的即時「調研」。[8]

蔣夢麟自述道：「我於近五十天中，在北京、天津、南京、上海、杭州五個大城市中各住了幾天，所以黃河流域和長江流域的重要文化中心，都親身吸了幾口新鮮空氣。其餘太原、長沙、成都、廣州等地方雖沒有到，也曾讀過他們的新出版物——現在這種新出版物，全國約有二百五十餘種，我看過的約有五十餘種。」[9]在對其與五城市朋友的談論和各地出版物的言論進行歸納之後，蔣夢麟很快寫出了兩篇文章，一篇是「對辦學的人發言」，一篇「是對青年說的話」。[10]

蔣夢麟認識到，「這回五四運動，如狂風怒潮的掃蕩了全國，我們大家覺得幾年裡邊，終有一個大事業生出來」。[11]他以為，「大凡驚天動地的事業，都是如潮的滾來」，當「這種潮澎湃起來」，就會「使一般社會覺悟」。他把五四看作歐洲的文藝復興，因為中國近二十年中，環境的變遷速度極大，卻「沒有新學術去供給他的要求」，致使社會的病一天天加重。故「這回五四學潮以後的中心問題」，也「就是新文化運動的問題。預備釀成將來新文化的大潮，掃蕩全國，做出驚天動地的事業」。他把希望寄託在青年身上，要「集合千百萬青年

8　蔣夢麟離校和返校的時間據《教務處布告》，《北京大學日刊》，1919年9月30日，1版；《蔣夢麟啟事》，《北京大學日刊》，1919年11月11日，1版。

9　蔣夢麟：《這是菌的生長呢還是筍的生長呢》，《晨報‧週年紀念增刊》，1919年12月1日，1版。

10　上引《晨報》之文即是針對青年學生的，而針對教育者的，則是《學潮後青年心理的態度及利導方法》，發表在《新教育》2卷2期（1919年10月）之上。兩文發表時間雖有先後，寫作應大致同時。

11　蔣夢麟：《學潮後青年心理的態度及利導方法》，《新教育》2卷2期（1919年10月），114頁（卷頁）。

的能力，一致作文化的運動；就是匯百川之水到一條江裡，一瀉千里」，形成「新文化的怒潮，就能把中國腐敗社會洗得乾乾淨淨，成一個光明的世界」！[12]

就在五四前夕，蔣氏還認為「吾國青年最大之惡德有二：一萎靡不振，一依賴成性」，故強調青年必須「養成獨立不移之精神」。[13] 此時他則明顯感到，「五四以後青年的態度，和從前大變了。這個態度的變遷，和中國將來的事業很有關係」。他特別提到清末青年學生的心理從尊師尊君變到「反對學校主持人和反對清朝」，終釀成了辛亥革命。近來青年心理的態度，可以叫做「心的革命」。與外在的政治革命不同，「心的革命是到了人自己的身上來了。人到了革自己的心的命，你看這關係何等重大」，由此也「可以預測將來發生的事業」。[14]

當時青年的一個主要變化，就是有個疑問符「飛揚於全國青年腦中，好像柳樹的花絮，春風一動，滿天皆是」。東望西瞧，「事事要問為什麼？做什麼？這個是什麼？究竟是什麼一回事」？在一個老國度裡，無論思想或行為，「必有許多遺傳下來的習慣」。在沒有產生疑問的時候，「不知不覺的大家都會照樣做過去」。若像這樣問下去，「就會鬧出許多『亂子』來」。因此，這疑問符「就是思想革命的旗幟，到一個地方就招到許多的革命軍。如非將個個人的腦袋打破，是沒有法來『平亂』的」。[15]

蔣氏以為，「這回思想革命和辛亥政治改革一個不同的要點，就是這個『疑』字」。它「不但把我國固有的思想信仰搖動了，而且把

---

12 蔣夢麟：《新文化的怒潮》，《新教育》2卷1期（1919年9月），19-22頁（卷頁）。

13 蔣夢麟：《和平與教育》，《教育雜誌》11卷1期（1919年1月），5頁（欄頁）。

14 蔣夢麟：《學潮後青年心理的態度及利導方法》，《新教育》2卷2期，113-114頁（卷頁）。

15 本段與下段，蔣夢麟：《這是菌的生長呢還是筍的生長呢》，《晨報・週年紀念增刊》，1919年12月1日，1版。

『舶來品』的思想信仰也搖動起來。若非真金，無論中國銅、外國銅，都被這個『疑火』燒鎔」。這些思想革命的人當然要輸入西洋的思想，但他們知道，「盲從『物競天擇』和盲從『三綱五常』的，是犯同一個毛病」。不僅如此，他們「對於自己的思想行動」，同樣抱懷疑的態度，想要知道這回思想革命「究竟是什麼一回事」，因而產生出「覺悟」、「徹底覺悟」等名詞。從前的人「是人家——古人或外國人——替他們想」和替他們說，而「現在的趨勢，望那『自己想、自己說』一方面走」。

我們都知道胡適曾給「新思潮」下了一個定義，即「新思潮的根本意義只是一種新態度。這種新態度可叫做『評判的態度』」。他也曾明確表示，那需要「重新估定」的「一切價值」，基本是源自中國文化的。[16] 很多人即因這一反傳統色彩而把「五四」視為西方意義的「啟蒙」；可是我們不要忘了，胡適這一表述的思想資源是尼采那句「重新估定一切價值」的話，而尼采恰以「反啟蒙」著稱，這似乎是眾皆認可的。

我無意據此支持或否定「五四」是否類同西方意義的「啟蒙」，因為「五四」本不宜一言以蔽之。如果新思潮的意義確如胡適所說「只是一種新態度」，而學生輩的「態度」真如蔣夢麟所觀察是對古今中外都置疑，則與老師輩主要「重新估定」中國傳統價值的態度，是有相當差別的（這個問題牽涉太寬，當另文探討）。但蔣氏也可能把自己之所欲見投射到學生的身上，他在學生遊行前幾個月先已提倡「以教育方法解決中國之問題，當養成精確明晰之思考力」，即「事事當以『何以如此』為前提」。[17] 則其眼中青年學生這樣的廣泛懷疑

16　參見羅志田：《再造文明的嘗試：胡適傳》，北京：中華書局，2006年，150頁。

17　蔣夢麟：《和平與教育》，《教育雜誌》11卷1期，6-7頁（欄頁）。

態度，多少也有些「我欲仁而斯仁至」的意味。

在蔣夢麟看來，學生那種逢事便問為什麼的懷疑態度，必然導致一種「新人生觀」。因為「問來問去，問到自己的身上」，就會歸到一個問題：「人生究竟做什麼？我們向來的生活，是什麼的生活？我們現在的生活，是什麼的生活？我們要求的是什麼生活？我們理想中應該有什麼生活？我們對於向來的生活知足麼？我們對於現在的生活知足麼？」結論當然是反面的：「我們向來的生活，是中古的生活，不知不覺的生活；我們現在的生活，是乾涸的生活、麻木的生活。」簡言之，「他們看了現在個人的生活都不滿足，社會的習慣都可懷疑」。實際上，「現在流行的種種問題，如婦女問題、勞工問題、喪禮問題、婚姻問題，都從這裡生出來的。將來問題愈弄愈多，範圍愈推愈廣，社會必如破屋遇狂風，紛紛倒塌。新生活必如春園遇時雨，到處萌芽」。這大致就是他所說的幾年裡邊終會「生出來的大事」。[18]

而蔣氏所見五四運動與辛亥革命最大的不同，在於辛亥革命後當事人都非常樂觀地向前看，以為一切都會好起來；而許多五四青年在經歷運動之後，卻「覺得自己腦裡空虛，此後他們要靜養靜養，從那學術方面走」。不少以前很肯幹事的青年，「現在都願回到圖書館、試驗室裡去了」。因為「他們都知道『無源之水，移時而涸』，所以都要求水的源」。這個觀察基本不差，[19] 只是有此感覺的學生或並未到「許多」的程度。值得注意的是，蔣氏此時還特別提醒學生：「這文

18 蔣夢麟：《學潮後青年心理的態度及利導方法》，《新教育》2卷2期，115-116頁（卷頁）。

19在次年《新教育》「學潮回顧」專輯裡唯一出自學生的文章中，羅家倫就提出學生應據性之所近有所「分工」，一些人不妨繼續街頭行動，另一些人則可轉而側重於「文化運動」。羅家倫：《一年來我們學生運動底成功失敗和將來應取的方針》，《新教育》2卷5期（1920年1月），600-614頁（卷頁）。按這期《新教育》顯然不是1月出版，羅氏明言其文撰寫於當年5月1日。

化運動，不要漸漸兒變成紙上的文章運動；在圖書館試驗室裡邊，不要忘卻活潑潑的社會問題，不要忘卻社會服務，不要忘卻救這班苦百姓。」[20]

這最後的觀察和提醒，非常有象徵意義。作為「我們講教育的」老師之一，蔣夢麟對學生能感覺到自身學養的不足並意識到需要繼續向學術方面發展，顯然是非常欣慰的。但是，如果確如他所說，五四學潮的中心問題是向社會提供「新學術」，以釀成將來新文化的大潮，「把中國腐敗社會洗得乾乾淨淨，成一個光明的世界」，而這一將要發生的「大事業」正肩負在這些學生身上，又怎麼能讓他們完全回歸圖書館和試驗室呢！蔣氏或許希望能兩皆兼顧，後來的事態發展表明，青年學生的地位被高看之後，責任便隨之而至。就個體的精力而言，服務社會和拯救窮苦百姓，可能是個無底洞。要想學習服務兩不誤，是一個基本無法實現的幻想。

學生輩的黃日葵當時即對「指導者、運動者，一起要我們青年包辦」的現象深感擔憂。那時「稍為有點才幹的學生，他的書室，便成公事房；他的生涯，便是書記。久而久之，成為習慣，竟以此種生活為『正』、讀書為『副』」。他們「一邊要上六七小時的功課，一邊要替幾個雜誌報館寫些東西，一邊要當義務學校的教員，一邊要出發去講演」，已經「差不多吃飯洗澡也分不出時間來」，哪裡還有「潛心學問、切實研究的餘地」？與其說是「修學」，不如說是「獵學」。[21] 這是當年學生實際狀況的形象寫照，而且是一種相對「日常」的狀態，遊行罷課等活動還不在其中。北大的五四青年中，《新潮》社的一批

---

20 蔣夢麟：《這是菌的生長呢還是筍的生長呢》，《晨報・週年紀念增刊》，1919年12月1日，1-2版。

21 黃日葵：《中國危機與青年之責任》，《救國日報》1920年1月19日，2版；《致黃仲蘇》，《少年中國》1卷12期（1920年6月15日），60頁。

學生後來多出國留學，或繼續向學術方面走；其餘很多學生，大約即在這樣的困惑中繼續為國家民族而掙扎著努力。[22]

維持這樣一種社會服務為主而「讀書為副」的狀態，也還需要相對平安的環境。一旦國家有事，被寄予厚望的學生更不能不站出來表態。他們可選擇的「運動」方式並不多，結果只能一次次的罷課，那也是他們相對熟悉的。如朱希祖所說：「我們中國的學生，現在為了一個校長要罷課，為了一個省長或督軍要罷課，為了外交的不利要罷課；不問輕重，總以罷課為利器。」然而這樣多次重複的結果，罷課的武器也不那麼利了。[23] 這是朱氏在五四週年時所說的話，當時的一些學生，就正處於罷課之中。

三　老師輩一年後的反思

《新教育》在五四一週年時推出了「一年來學潮之回顧與希望」的專輯，第一篇文章是蔡元培所寫，大概有些定調的意思在。他在文章中先充分肯定了學生運動的各種成績，接著筆鋒一轉，說：

> 學生界的運動雖然得了這樣的效果，他們的損失卻也不小。人人都知道罷工、罷市損失很大，但是罷課的損失還要大。全國五十萬中學以上的學生，罷了一日課，減少了將來學術上的效能，當有幾何？要是從一日到十日、到一月，他的損失，還好

22　《國民》雜誌社的許德珩也在「個人的學識不足，修養不到，以後當拼命從此處下手」的心態下赴法國勤工儉學。在許氏所在的少年中國學會中，那時懷抱著「知識不足」感覺而出國留學的年輕人也不少。後來究竟是向學術發展還是走政治救國之路，終成為少年中國學會分裂的主要原因。參見王波，《少年中國學會的成立及前期活動》，北京大學歷史學系2008年碩士論文，許德珩語也轉引自該文。

23　朱希祖：〈「五四運動」週年紀念感言〉，《新教育》2卷5期，616頁。

計算麼？況且有了罷課的話柄，就有懶得用工的學生，常常把這句話作為運動的目的；就是不罷課的時候，除了若干真好學的學生以外，普通的就都不能安心用工。所以從罷課的問題提出以後，學術上的損失，實已不可限量。[24]

　　不僅如此，蔡元培進而指出，「因群眾運動的緣故，引起虛榮心、倚賴心，精神上的損失，也著實不小」。他的結論是：從上述「功效和損失比較起來，實在是損失的分量突過功效」。因為「學生對於政治的運動，只是喚醒國民注意。他們運動所能收的效果，不過如此，不能再有所增加了」。現在「他們的責任，已經盡了」。而「一般社會也都知道政治問題的重要」，必要時自會因應，「不必要學生獨擔其任」。故學生當時「最要緊的是專心研究學問。試問現在一切政治社會的大問題，沒有學問，怎樣解決」？他希望學生以五四週年紀念日為契機，把以前的成效和損失視為過去，現在則「打定主義，無論何等問題，決不再用自殺的罷課政策；專心增進學識，修養道德，鍛鍊身體；如有餘暇，可以服務社會，擔負指導平民的責任；預備將來解決中國的──現在不能解決的──大問題」。

　　先是蔡元培在五四當年結束辭職回校以前，曾先發表告北大學生及全國學生文，指出學生「喚醒國民之任務，至矣盡矣，無以復加矣」；他雖贊同學生繼續從事平民講演和夜班教授等指導平民的社會服務工作，但也只能到此為止。學生首當「注意自己之知識，若志趣，若品性，使有左右逢源之學力，而養成模範人物之資格。則推尋本始，仍不能不以研究學問為第一責任」。蔡元培並溫婉表示，既然

24　本段與下段，蔡元培：《去年五月四日以來的回顧與今後的希望》，《新教育》2卷5期，589-590頁（卷頁）。

學生在給他的電報中表示要「力學報國」，他與學生可以說已就此達
成共識。[25] 這個認知顯然有些過於樂觀。此後近一年的事實表明，至
少相當一部分學生並未接受這樣的共識。故蔡元培在五四週年的文章
中，口氣已比此前直白和嚴厲得多。

與此相類，朱希祖在這一專輯的文章中，同樣先對五四運動予以
肯定，他給學生的定位，也不僅是求學，故其對全國學生的「勸告」
是：「運動是仍舊要繼續的，一致犧牲的精神是仍舊要堅持到底
的。」不過，「運動的方法要複雜，要經濟，要多方面」。後者才是他
真正想要表述的，即「現在學生的運動太單純，太不經濟，方面太
少」；具體表現在「學生運動以罷課為利器，其餘只有運動工商、遊
行演說、打電報為輔助品」。[26]

上述行動「是只可偶為不可常行的。常行是不靈」的。因為「罷
課等事，只能聳動社會的耳目，使人因此興奮、自動」。但興奮劑不
能有「滋補的遠效」，故五四當年的第一次罷課，還能「有罷市罷工
等響應」；到「一而再，再而三，連罷市罷工的舉動都興奮不起了」。
而且，「農夫不到大難臨頭，斷不肯把田圃停耕種；學生不到大難臨
頭，也斷不可把學校停功課」。雖然五四運動的「精神是不可磨滅
的，吾國民眾一線的希望，全仗這種精神」；卻也要認識到，「學生的
學課，就是國家的滋補品，就是一種最大的運動」。後一語最能體現
當時老師輩說話的不得已，連上課也必須說成是「運動」，而且是比
真正的運動更「大」的運動，才能增強其正當性和說服力。

朱希祖的實際建議是，即將畢業的學生，畢業後可以繼續「做普
及教育的事業、地方自治的聯絡，發展有益的實業，傳布文化的文

---

25 蔡元培：《告北大學生暨全國學生書》（1919年7月23日），《蔡元培全集》（3），高平
   叔編，北京：中華書局，1984年，312-313頁。
26 本段與下兩段，朱希祖：《「五四運動」週年紀念感言》，《新教育》2卷5期，615-617頁。

章，研究精深的科學[27]，組織有力的團體，監督政府，指導社會」。而其餘在校生則不妨「一面恢復學業，永不罷課，為積極的運動，儲根本的實力；一面多出報紙，傳布思想，製造輿論，批評群治，轉移人心。政府朝禁一報，則學生夕出十報。又與各處學生及畢業生連絡一致，勸告講演多方並進，成就必較現在宏大」。他希望學生利用五四運動的週年，就此「清算帳目，重整門面，明後天就可以開課」。把運動「換一種方法進行」，以獲取「最後的勝利」。

在一般認知中，朱希祖遠比蔡元培更限於「書齋」；而他對學生的「社會服務」範圍，卻要開放和寬廣得多。蔡元培對學生的社會服務只開放到夜校一類的「指導平民」的程度，且是在求學有「餘暇」時進行。朱希祖則除了遊行罷課一類直接抗議活動外，幾乎贊同並鼓勵其它所有的非求學活動。所謂「政府朝禁一報，則學生夕出十報」，更是想像力十足的鼓動。照這樣做去，黃日葵所描述的「獵學」而非「修學」狀況就會無限延續，哪裡談得上「儲根本的實力」。恐怕正因其接觸學生不多，朱希祖才能如此馳騁其想像。這種基於「無知」的想像性表述，卻也揭示出當年的士風與世風。

曾經留學也資助他人留學的穆湘玥從實業家的立場說，救國之目的同，而其「道不一」，可以「有政治、教育、實業及種種方法，並行不悖」。各界當盡各自的責任，「青年當求學時代，故青年最大之愛國表示，尚在來日。而來日最大表示之豫備，在乎專心向學，作他日獻身社會之整備」。學生研究學術之餘，也可發揮其愛國熱誠。「如前此之愛國運動，偶一為之，本無不可」。但他對青年的「忠告」，仍是「愛國熱誠，宜深蓄而不宜輕泄，俾日後蔚成大材，為國效用」。[28]

---

27 這裡所謂「科學」，其實是各學科學問的簡稱，既不是時人口中的「賽先生」，也不是我們今天區別於「文科」的那個「科學」。後文中好幾處也是這個意思，不再出注。

28 穆藕初：《實業界對於學生之希望》，《新教育》2卷5期，618-619頁。

　　與他們相比較，陶履恭此時仍以為「學生運動太重視學生自身，忘卻自身以外之社會」。他說，學生中真正「有覺悟有理想而從事運動者」只是少數，其整體上「仍然不與社會相聯絡」。學生多「出身中等階級上等階級，他與農人、工人、商人、軍人，是完全沒有社交的關係，沒有相聯的思想」。他們「自居為主人翁，卻忘了那在中國坐鎮幾千年的鄉下老、小工人、小商人」。其實，「中國的實力不在那一部分的受了膚淺的新思潮的學生」，而在那「不揚名不出風頭終日勤苦耐勞的農工商的勞動者」。若是「鄉下老一旦真全急了，政府也要束手的」。他希望學生「千萬不要忘了中國的中堅國民，要把新思潮灌輸在他們的腦裡」。說了這麼多鼓勵學生走向社會的話以後，或許為配合蔡元培提出的基調，他才扭捏地說了一句「螳臂當車是一個最笨最無用的方法，荒廢學業也是不經濟的方法」。[29]

　　然而，對學生逐漸形成社會服務為主和讀書為副的行為模式，曾經非常鼓勵學生的蔣夢麟此時已有不祥之感。在五四週年之際，他和胡適聯名發表文章，說得比上面的人都更直白乾脆。兩人明言，一年來「時勢的變化大出我們的意料之外。這一年以來，教育界的風潮幾乎沒有一個月平靜的，整整的一年光陰就在風潮擾攘裡過去了」。他們承認，「這一年的學生運動，從遠大的觀點看起來，自然是幾十年來的一件大事」，產生出不少好效果，「都是舊日的課堂生活所不能產生的」，不能不認為是學生運動的重要貢獻。但其強調：「這種運動是非常的事，是變態的社會裡不得已的事，但是他又是很不經濟的不幸事」，所以只能是「暫時不得已的救急辦法，卻不可長期存在」。[30]

　　兩人以為，綜觀古今中外的學生運動，沒有一次「用罷課作武

29 陶孟和：《評學生運動》，《新教育》2卷5期，600頁（卷頁）。

30 本段與下段，蔣夢麟、胡適：《我們對於學生的希望》，《新教育》2卷5期，592-597頁（卷頁）。此文也發表在同年5月4日的《晨報副刊》上。

器」，故這是「最不經濟的方法，是下下策。屢用不已，是學生運動破產的表現」！因為「罷課於敵人無損，於自己卻有大損失」。更重要的是在精神上造成的大損失，即養成了「依賴群眾」、「翹課」和「無意識行為」的惡心理和惡習慣。由於「多數學生把罷課看作很平常的事」，導致「社會也把學生罷課看作很平常的事」，結果已沒有「什麼功效靈驗」，卻仍在無意識地重複。「學生運動如果要想保存五四和六三的榮譽，只有一個法子，就是改變活動的方向，把五四和六三的精神用到學校內外有益有用的學生活動上去」。他們希望「學生從今以後要注意課堂裡、自修室裡、操場上、課餘時間裡的學生活動。只有這種學生活動是能持久又最有功效的學生運動」。

對比半年前蔣夢麟還希望學生在圖書館試驗室裡邊不要忘了外在的社會，這些老師輩的態度真是發生了急劇的轉變，而這樣的轉變正基於他們「對於現在學生運動的觀察」。此文是胡適起草，那年三月，已回國的梅光迪曾致函胡適，認為「今之執政與今之學生，皆為極端之黑暗」。而「學生之黑暗，足下輩之『新聖人』不能辭其責」。蓋「今日倡新潮者尤喜言近效，言投多數之好，趨於極端之功利主義；非但於真正學術有妨，亦於學術家之人格有妨」。對當時很多讀書人而言，政府本已無望，「若學生長此不改，亦終無望耳」。[31] 梅光迪的文化立場與胡適有些對立，但老友的指責，恐怕對他仍有影響。

值得注意的是，蔡、蔣、胡三人共同提到了學生對他人的「依賴」。五四前蔣夢麟還認為「依賴成性」是中國青年最大惡德之一，其特點正是「事事隨人腳後跟說話」，非常不利於「新事業之創造」。所以他那時特別強調青年必須「養成獨立不移之精神」。[32] 五四後蔣

---

31 梅光迪致胡適，1920年3月2日，收入《胡適遺稿及秘藏書信》，耿雲志主編，黃山書社，1994年，第33冊，473-474頁。

32 蔣夢麟：《和平與教育》，《教育雜誌》11卷1期，5頁（欄頁）。

氏一度以為青年在這方面已有較大改變，現在他似乎又收回了這一看法。這是一個非常深刻的觀察，罷課等集體行為既有所謂「群體覺悟」的一面，也可視為對個人獨立精神的一種放棄；這究竟體現出傳統的慣性，還是一種因「運動」而新生的動向，或是兩者無意中結合的結果，對時人和後之研究者，恐怕都不是可以「一言以蔽之」的。

沒有參加這次《新教育》專輯寫作的魯迅，在五四週年那天寫信給一位過去的學生，就分享著共同的擔憂。他說：「比年以來，國內不靖，影響及於學界，紛擾已經一年。世之守舊者，以為此事實為亂源；而維新者則又讚揚甚至。全國學生，或被稱為禍萌，或被譽為志士。」但在他看來，學生們「於中國實無何種影響，僅是一時之現象而已；謂之志士固過譽，謂之亂萌亦甚冤」。魯迅以為，「一無根柢學問，愛國之類，俱是空談」。故「現在要圖，實只在熬苦求學。惜此又非今之學者所樂聞也」。[33]

那時即使政治傾向偏於激進的老師輩，也未必贊成學生罷課。在上海正與共產主義者密切接觸的陳獨秀就致函胡適，主張既要反抗「政府的強權」，也要反抗「社會群眾的無意識舉動」。他建議胡適「邀同教職員請蔡先生主持北大單獨開課」。對那些「不上課的學生，大可請他走路」。[34] 胡適自己那時也甚感學生已經靜不下來了，稍後他對蔣夢麟說：「現在的青年連一本好好的書都沒有讀，就飛叫亂跳地自以為做新文化運動。其實連文化都沒有，更何從言新。」蔣氏藉此勸導學生，「此後總要立志定向，切實讀書」。[35]

愛國的基礎在於自己有「學問」，承擔著救國重任的學生本身要

---

33 魯迅：《致宋崇義》（1920年5月4日），《魯迅全集》（11），369-370頁。

34 陳獨秀致胡適，1920年5月11日，未發表手跡，見《中國嘉德2009春季拍賣會——古籍善本》，2009年5月。

35 蔣夢麟講，陳政記：《總務長開學演說詞》，《北京大學日刊》，1920年9月16日，2版。

有「文化」，這些都只能從未必輕鬆的「求學」中得來，大致是那時多數老師輩的共識。然而那時的學生輩，卻未必分享著這一共識。而老師輩自身對於青年在救國和讀書之間怎樣兩全，看法也不那麼一致。

四　救國和讀書怎樣兩全？

從各文所論看，《新教育》的專輯似有預先的安排，至少京之人很可能事先有過討論。整體言，他們都在肯定學生運動重要性和貢獻的同時，試圖對學生有所規勸。且平時越接近學生的，說話越直白。蔡元培明言運動的損失大於功效，胡適、蔣夢麟則說出頻繁罷課是「學生運動破產的表現」。像朱希祖這樣與學生相對疏離的老師，在勸導時就要儘量多表彰，即使帶批評性的建議，表述得也非常委婉。而在學界之外的穆湘玥，說話就更顯溫和。專輯中還有老輩黃炎培的文章，主要說了些「成不自滿、敗不灰心」的鼓勵話。他也提到「根本救國，必在科學」，需要「有人肯用冷靜的頭腦切切實實在科學上做工夫」；卻仍不忘說「勞工神聖」，要學生從知識和待遇上救助「可憐的工人」。[36] 只有陶履恭一人例外，仍以鼓勵學生外向為主，而以不荒廢學業為點綴，或藉此表示不與其它人異。

「勞工神聖」是當時學界的流行語，但像黃炎培這樣理解為「可憐的」救助對象，實在有些別出心裁，既提示出老輩讀書人想要「預流」的從眾心態，也表現出他們與時流的距離。而黃氏所說，卻是蔡元培、胡適、蔣夢麟所能接受的學生社會服務的上限——他們只希望學生繼續平民夜校一類的教學活動，其它活動都要放棄，以回歸校園。從那以後的一段時間裡，蔡元培頻繁而持續地表述著這一主

---

36 黃炎培：《「五四」紀念日敬告青年》，《新教育》2卷5期，591-592頁（卷頁）。

張。[37] 不過，那時的世風似乎並不在這些老師一邊。專輯的所有立言者都反對繼續罷課，但他們都首先認可學生運動的正當性，然後眾口一詞地從「不經濟」的功利角度立論。就連說話最直白的胡適和蔣夢麟也強調：

> 社會上許多事被一班成年的或老年的人弄壞了，別的階級又都不肯出來干涉糾正，於是這種干涉糾正的責任遂落在一般未成年的男女學生的肩膀上。這是變態的社會裡一種不可免的現象。……在變態的社會國家裡面，政府太卑劣腐敗了，國民又沒有正式的糾正機關（如代表民意的國會之類），那時候，干預政治的運動，一定是從青年的學生界發生的。[38]

蔣、胡二人以為，「學潮的救濟只有一個法子，就是引導學生向有益有用的路上去活動」。問題在於，如果「變態的社會國家」並未改變，「成年的或老年的人」又沒有希望，「干涉糾正的責任遂落在一般未成年的男女學生的肩膀上」已是「不可免的現象」，再加上幾乎所有人都把未來的「大事業」寄託在青年身上，他們除了責無旁貸，還能怎樣？

學生輩的黃日葵有著幾乎相同的認知，他也發現，外國的各種運動，常是「很有學問、很有經驗的先輩指導著經過訓練的少壯派」去從事的，但「現在的中國怎樣？憑你怎樣找不出一個有學問、有經驗，能夠立乎社會之上，做指導我們的前輩，害得做預備工夫的也是我們可憐的青年。指導者、運動者，一起要我們青年包辦」。這個年

---

37 在下文引用的蔡氏1920年的多次演講中，幾乎都提到了這一社會服務的限度。

38 蔣夢麟、胡適：《我們對於學生的希望》，《新教育》2卷5期，592-593頁（卷頁）。

輕人雖然有些彷徨和憂慮，但義無反顧的責任感卻很明確：

> 登上了二十世紀大舞臺的青年怎樣？一方要填前人遺下來的缺
> 憾，他方要帶著四萬萬同胞上水平線上，朝著光明廣闊的路
> 走。這樣雙重的責任，要擔到我們的雙肩來了。[39]

　　兩相對比，師生兩輩對現狀的認知和思路非常接近。套用一句成語，黃日葵代表青年學生的表態可謂擲地有聲。在邏輯上，胡適和蔣夢麟對現狀的認知，基本已決定了其規勸的無力。[40] 進一步的問題是，既然學生輩已經重任在肩，並同時充當指導者和運動者，他們還需要老師輩的指導嗎？他們又在多大程度上還能夠接受老師輩的指導？

　　實際上，胡、蔣、黃等師生兩輩的認知多少還有些傳統士人的「書呆子」氣味，他們基本都還維持著讀書人既有「澄清天下」的責任、也有這方面能力的舊觀念。如上所述，學了社會學的陶履恭就有了社會分析的新思維，所以並不這樣看問題。而曾經身與革命的蔡元培也不這樣看，他此時和此後反覆申說的一個主題，就是學生只負有「提醒」社會的責任，真正解決問題的還是「社會」本身。這是困擾著那個時代許多讀書人的大問題——救國真必須有「學問」嗎？當時中國的局勢，還容許學生靜下心來求學嗎？

　　從今日的後見之明看，老師輩看到的問題是實際存在的，特別是蔡元培指出而胡適和蔣夢麟詳論的「精神上的損失」，明顯已體現在學生的思想和行為方式之上，且仍在發展之中。然而這些確實可以說

---

39 黃日葵：《中國危機與青年之責任》，《救國日報》1920年1月19日，2版。

40 唯一的解脫只有一個歷時性的可能，即現狀尚可維持，而學生還有時間提高自己，以為最後的解決進行預備。詳後。

改變了歷史的學生，在五四前後也曾得到不少老師們的鼓勵和支持。
且不說這時還有其它繼續鼓勵學生投身救國事業的老師，即使想要規
勸學生的老師，現在似乎也不能採取直接指教的方式了。近代新學制
雖與傳統規則大異，但老師明知問題所在，仍要如此謙恭地向學生進
言，在中國歷史上恐怕是第一次。[41]

　　這一現象最能凸顯五四後學生地位的空前上升，尤其是那種無形
中可以約束他人言說的影響力（包括師長在內）。蔡元培對此有很清
楚的認識：「『五四』以後，全國人以學生為先導，都願意跟著學生的
趨向走。」[42] 全國人在多大程度上如此且不論，「老師跟著學生跑」
後來的確成為二十世紀中國一個持續發展的趨向，[43] 而五四就是這一
趨向形成的里程碑。當時中國輿論的普遍認知是局勢危迫，時不我待
（其實至少國際局勢相對平和），而政府已失去「輿論」的信任，如
果「救國」的責任在「社會」一面，則既存各社群中，似乎還只有學
生顯得最有希望。

　　這就出現一個弔詭性十足的問題：那個被賦予救國重任，也決意
自己想、自己說而無需古人或外國人替他們想、替他們說的學生群
體，仍處於求學的階段，他們有承擔責任的意願，但對承擔這一責任
是否已準備充足？這個問題後面隱伏的預設是相當傳統的，即學術與
國家有著密不可分的關聯，至少知識與救國直接相關。從當時的社會
區分看，《新教育》這一專輯的作者都是所謂新派，他們中的多數卻

---

41 說老師們的言論顯得謙恭更多基於歷時性的比較，在當時的語境裡，這樣的言論至
　 少已被相當一部分學生視為「冒犯」。胡適等關於「學生運動破產」的言論曾引起
　 很多年輕人的激烈反彈，此不贅。

42 蔡元培：《在北京高等師範學校學生自治會演說詞》（1920年10月），《蔡元培全集》
　 （3），465頁。

43 參見羅志田：《權勢轉移：近代中國的思想、社會與學術》，武漢：湖北人民出版
　 社，1999年，237-239頁。

仍維持著這一傳統的認知，所以希望學生回到課堂中去。只有懂得社會分析的陶履恭一人多少延續著清末以來的反智思維，確認那「不揚名不出風頭終日勤苦耐勞的農工商的勞動者，才是中國真正的實力」。所以學生的任務不過是「把新思潮灌輸在他們的腦裡」，使後者能有舉足輕重的行動。[44]

　　上述問題後面還有一個隱伏的問題：假如救國真要指望學生輩，中國的局勢到底是已經危迫，還是相對平和？若是前者，便不容學生繼續以求學為主，他們只能立即走向社會；若是後者，則像蔡元培所說的，中國的「大問題」現在尚不能解決，只能將來解決，其潛臺詞是學生還有準備的時間。稍後他明確對學生指出：「這時間父兄可以容我們用功，各方面都無牽制，所以用功是第一件事情。」[45]

　　其它多數作者也都持相近的看法，即愛國救國確實靠學生，但他們也需要學養的預備，而且局勢也還允許學生回到課堂進行這方面的預備。朱希祖把學生上課視為「國家的滋補品」，最能體現這一思路；但他把上課表述為「一種最大的運動」，又已充分說明時勢的特殊性──即使常規的主張，也要以非常的方式表出。

　　「救國不忘讀書，讀書不忘救國」是那個時代的口頭禪，而學生的興起是五四後特別明顯的現象。上面幾位老師輩的心態和言說其實都很矛盾，他們把國家前途的希望寄託在學生身上，又已經看到持續的罷課不是辦法，蓋其對政府的實際威脅並不那麼大，而學生自己的

---

44 陶履恭特別將學生運動與大約同時北京教職員的「索薪」運動相比較：「教職員因為受經濟的壓迫，發生了麵包問題。因為麵包問題，遂致不信任教育當局。教職員的運動，是經濟的、職業的。學生的運動，是愛國的、社會的、政治的。」陶孟和：《評學生運動》，《新教育》2卷5期，599頁（卷頁）。他雖然表示對兩者不作評價，其實老師不如學生的意思相當清楚。

45 蔡元培：《在北大話別會演說詞》（魏建功筆記），《北京大學日刊》，1920年10月23日，3版。

學業倒荒廢了。但這些老輩的態度也不甚一致，如陶履恭就仍側重學生的外向性努力，其它人至少隱約感覺到，由於學生未必能認清罷課等方式究竟有用到何種程度，他們可能無意之中被自身的行為定式所束縛，甚或被其「裹挾」而去。關鍵在於，一旦社會服務為主和讀書為副成為定勢，並養成了以抗爭為表述的習慣，學生是否還能寧靜地回到課堂從容學習，恐怕已成未知數了。

　　無論如何，身為教育者的蔡元培，既然看到了問題所在，仍在繼續努力，想要扭轉學生的發展方向。這一次，他採取了更溫和的規勸方式，重在強調學生要能律己，才有希望實行「自治」。

五　社會模範的自制能力

　　一九二〇年九月，蔡元培在北大開學時對學生講話，一改五月間直接的批評，轉用勉勵和引導的方式說，「一年以來，覺得學生方面近來很有覺悟：把從前硬記講義、騙文憑的陋見漸漸兒打破了，知道專研學術是學生的天職」。他們「不但有研究學術的興趣，兼且有服務社會的熱誠，這也是可喜的事」。不過他不忘提醒學生，「服務社會的能力，仍是以學問作基礎，仍不能不歸宿於切實用功」。接著他說出了一個與他所謂學生「精神上的損失」相關的問題，希望學生們在「勵行自治」的同時，先要以身作則：「去年以來，尊重人格的觀念，固然較從前為發達，然試各自檢點，果能毫無愧怍麼？」所謂自治，就是「人人能管理自己，同學能互相管理」。只有這樣，才可以不像從前那樣需要學監、舍監的管理。[46]

46　蔡元培：《北大第二十三年開學日演說詞》（1920年9月），《蔡元培全集》（3），443-
　　444頁。

　　這是一種相當溫和的提示，即學生如果不想被他人「管理」，就要真能實行「尊重人格」的自治。一個多月後，蔡元培又對北大同學說：五四後「大家很熱心群眾運動、示威運動」。此前的大運動雖有效果，「但這種驟用興奮劑的時代已過去了，大家應當做腳踏實地的工夫」。接著他再次論及自治問題，「本校學生的自治近來比從前好多了。但是宿舍裡、公寓裡，也還免不了鬧笑話。校外說我們的人很多」。他以學生會裡鬧意見時往往以揭帖相互攻擊為例，指出這些做法有損人格；並主張「我們見了別人的過失，總要用憐愛的意思勸告他，不可驟加攻擊」。他尤其希望北大同學能「互相親愛，厚於責己，薄於責人」。[47]

　　上面多少還是校長對校內的說話，隨後他到湖南發表了一系列的演講，除兩三篇專門涉及美學的演講外，蔡元培不時把自己對學生的希望化為已經發生的事實，用以詮釋北大或北京的學生運動，並藉此激勵湖南的學生。那一系列演講基本有兩個主題，一是北大學生的注意力在五四後已從社會轉向校園，正致力於求學；另一個則與他在北大所講的「自治」接近，即強調自由和民主「不是不守秩序」，學生要能「自己尊重自己」和「自己管理自己」，然後才可減少教職員的管理。而且，學生入學，即等於自動接受了校園既存規則的約束，故對這些規則應有足夠的尊重，不宜隨意推翻。

　　蔡元培提出，學生干預政治本非常態，在國家一髮千鈞的時候，不能不「犧牲自己的光陰，去喚醒一般平民」。這樣努力的結果是，「從前的社會很看不起學生」，五四後「社會便重視學生了」。但也因此而「生出許多流弊。學生以自己為萬能，常常想去干涉社會上的事和政治上的事」。其實，「國家的事不是學生可以解決的，學生運動不

47　蔡元培：《在北大話別會演說詞》，《北京大學日刊》，1920年10月23日，3版。

過要提醒外界的人，不是能直接解決各種問題」。五四運動本是「萬
不得已之舉動，可一不可再」。但五四以後，學生「大半都去注意社
會上的問題，科學方面少有人去研究」，「簡直沒有求學的日子」。一
些學生「不求學，專想干涉校外的事」；若這樣「習以為常，永荒學
業」，則對自己對國家，都有「極大的危險」。[48]

　　他解釋說，去年北大學生從事運動，乃「出於勢不得已，非有意
干涉政治。現在北大的學生決不肯輕易干涉政治上的事」。他們認識
到「中國政治問題層出不窮，若常常干與，必至無暇用工」；且「辦
事須從學問上入手」，若「學問不充足，辦事很困難」，故「不得不專
心求學」。北京學生「受了這一番大教訓，已有徹底的覺悟，大家都
知道非有學問不能救國」。因此，在他出京的時候，學生們已確定
「專心求學以外，只辦平民學校，不管別的事情了」。北京學生如
此，則湖南的學生也「應該盡心研究科學，從根本上作救國的準
備」。他盼望湖南學生「把科學看重些，切實去研究；對於外界的事
情，盡可少管些」。

　　除了求學的重要，蔡元培也著重討論了學生的自律問題。他說，
由於社會重視學生，北京的學生已了解到自己的責任，有了「新覺
悟」，知道「自己尊重自己」和「自己管理自己的行為」。他引用羅素
所說的「自由與秩序並不相妨」的見解，強調「平民主義不是不守秩
序」（按平民主義是五四時「德先生」的一種譯法）。如果「學生不喜
教職員管理，自己卻一意放縱，做出種種壞行」，那就不好了。只有

---

48 本段與以下數段，參見蔡元培：《對於師範生的希望》，《蔡元培全集》（3），336
頁；《對於學生的希望》（1920年秋），《蔡元培全集》（4），北京：中華書局，1984
年，37-41頁；蔡元培講、何元培記：《中學的科學》，《大公報》（長沙），1920年11
月11日，9版；蔡元培講、鼾僧筆記：《學生的責任和快樂》，《大公報》（長沙），
1920年11月19日，9版。都是他當時在湖南各學校的演講。

學生能「自定規則，自己遵守」，才可以不要學校的管理規則。實際上，學生本應知道學校的規則對其有益，「情願遵守，才肯入校。所以學校的規則可說不是學校定的，是你們自己定的。學校的規則如很不方便，可求改良，但不得忽然破壞規則。教室內無規則，就沒有秩序」。

針對湖南學生想要參與教務會議和廢止考試兩個具體問題，蔡元培明確表示了反對。他認為學生的自治不應延伸到參與教務會議的程度，因為學校校務是由教職員負專責的，學生既不熟悉，又不負責任，若參與，必不免紛擾。他同意考試可能「有好多壞處」，也注意到「北大、高師學生運動廢考甚力」。但他對北大辦法是「以要不要證書為準」，不要證書者即可不考試，要證書者仍須考試。蔡元培呼籲道：「今日的學生，就是將來改造社會的中堅人物。對於讀書和做事，都要存一種誠心，凡事只要求其盡其在我，不可過於責人。」對學校的設備，「或因經濟的關係，或因不得已的事故，力量做不到的時候，大家要設身處地想想才好」。對於教職員，「不宜求全責備，只要教職員係誠心為學生好，學生總宜原諒他們」。

可以看出，在五四週年後的幾個月裡，蔡元培反覆申論的，一是讓學生回到校園專心求學，少管校外的事；二是要求學生遵守學校的規則，若想取消來自教職員的管理，就先要實行有效的「自治」。他在學理上將此上升到自由、民主與秩序關係的高度，再三希望學生能「厚於責己，薄於責人」。這些持續的規勸絕非無的放矢，反襯出教育者心目中學生的形象。他雖然用「以希望代事實」的詮釋方式來表述意見，其實當然知道很多北大學生仍熱心外騖而不能專意讀書，既不能自律又不受管理、不守規則。

蔡元培一再申說的兩者，本相互關聯，多少都有些運動後遺症的意味，其實就是他和胡適、蔣夢麟所說的學生運動帶來的「精神上的

損失」。老師輩的認知當然並非憑空而至，大約同時，一些學生自己
也有類似的反思。彼時還是中學生的沈昌，非常積極地參與了上海的
學生運動，並認識到「自己是一個堂堂正正的人，應該為全人類全社
會謀幸福」；另一方面，「『五四運動』亦正有其害處。我自參加『五
四運動』，一天一天的浮囂起來，昧然以天下為己任，而把自己的切
實基本學識棄去了。昧然的加入什麼黨什麼會，天天談些什麼問題什
麼主義，還哪裡肯安心研究乾燥的數理、艱深的英文」？結果他所讀
的南洋公學校長唐文治「為全校大局起見」，將他開除。[49]

　　唐文治顯然沒有蔡元培那樣能包容，採取了斷然做法。但兩位校
長所面臨的學生狀況，或大體相近。一九二二年的五四週年時，蔡元
培仍遵循他那種詮釋取向，表示「我常常對人說，五四運動以後，學
生有兩種覺悟是最可寶貴的：一是自己覺得學問不足，所以自動的用
功；二是覺得教育不普及的苦痛，所以盡力於平民教育。這兩種覺
悟，三年來很見得與前不同，不能不算是五四運動的紀念。」他承認
有這樣的覺悟只是一部分人，並注意到「現在又是一個特別的時期，
北京國立各校，安徽、江西、湖南等省公立各校，常常為經費問題鬧
罷課」。但仍希望「學生個個覺悟，都能自動的用功」，盡可能減少失
學。[50] 蔡元培所謂「我常常對人說」是很實際的表述，兩個月後他就
重申了學生這兩種覺悟。[51] 這恐怕半是描述事實，半是表達希望。

　　基本上，那時學生的自主意識相當充分，但自律似未達老師們期
望的程度。這些不要古人或外國人替他們想、替他們說的學生，似乎

49　沈昌：《我十年來的學生生活》，《學生雜誌》10卷1號（1923年1月），5頁（文頁）。
　　沈昌時為東南大學學生。
50　蔡元培：《五四運動最重要的紀念》（1922年5月4日），《蔡元培全集》（4），196頁。
51　蔡元培：《〈中華教育改進社第一次年會日刊〉發刊詞》（1922年7月），《蔡元培全
　　集》（4），219頁。

也可以不要老師輩替他們想和替他們說。身體雖回到校園的學生，心思卻未必皆貫注於求學，甚或會把他們習慣了的社會抗爭方式帶進校園。且學生的抗爭，也不時從國家民族的大問題轉向校園內的具體小問題，並將前引蔡元培所說以「揭帖」相互攻擊的方式，也用在老師的身上。

一九二一年十一月，北大教務長發出布告，對「近日屢次有人濫用某班全體名義，或直接致匿名信於教員，或匿名揭帖，對於教員漫肆人身的攻擊」的行為表示譴責。[52] 不久後，蔡元培也以校長名義發出布告，指責近日「少數學生，在講堂或實驗室中，對於教員講授與指導方法，偶與舊習慣不同，不能平心靜氣，徐圖了解，輒悻悻然形於辭色，頓失學者態度。其間一二不肖者，甚至為鄙悖之匿名書信、匿名揭帖，以重傷教員之感情。」[53]

但這樣的勸誡效果似不明顯，學生的類似行為仍在持續。約一年後，北大學生反對學校徵收講義費，再次採取了他們熟悉的抗爭方式。數百學生（包括圍觀者）先後聚集在會計課和校長室，以呼喊等方式要求立將講義費廢止，並至少對門窗啟動了肢體語言。校長蔡元培深感痛心，因憤怒而當場表現激烈，隨即提出辭職。後來雙方妥協，蔡元培在復職的全校大會上演說，雖以當時政治及國家機關「不循軌道的舉動」影響學生為由給學生下臺，但也明確指出：「大學的學生，知識比常人為高，應該有自制的力量，作社會的模範，卻不好以受外界暗示作護符。」[54]

---

52 《教務長布告》，《北京大學日刊》，1921年11月24日，1版。

53 蔡元培：《校長布告》（1921年12月7日），《北京大學日刊》1921年12月7日，1版（8、9兩日再刊）。

54 蔡元培：《十月二十五日大會演詞》，《北京大學日刊》，1922年10月26日，3版。關於此次講義風潮，詳另文。

　　所謂國家機關做事不循軌道，是實有所指。北大那時的經費就尚無著落，收講義費或也是因應經費困難的一種措施。總務長蔣夢麟慨歎道：「我們辦教育的人，近來真覺得日暮途窮了！從前我們以為政治不良，要從教育上用功夫，養成人材，去改良政治。」近年政治癒趨愈紛亂，教育界「不但經濟破產，精神上破產的徵象，已漸漸暴露了。於是數年前『只講教育，不談政治』的迷信，漸漸兒打破」了。[55] 此前他和胡適聯名的文章說，五四當時他們希望「在思想一方面提倡實驗的態度和科學的精神，在教育一方面而輸入新鮮的教育學說，引起國人的覺悟，大家來做根本的教育改革」。[56] 兩相對比，這裡所打破的「『只講教育，不談政治』的迷信」，就有具體所指了。

　　另一方面，五四當時就有人認為學生運動「是『目無師長』。此端一開，做官也做不來了，做校長教員也做不來了，做父母也做不來了」。老師輩的沈仲九還特地為學生辯護，指責這些反對者「不曉得『人有自主自動的人格』和『人民是民國的主人』」。[57] 但聯繫到蔡元培幾年來關於學生應該「自治」的反覆申說，部分學生終因過分「自主」不能「自治」而走上「目無師長」之路，恐怕也是讓蔣夢麟等感覺教育「日暮途窮」的一個重要原因。周作人在幾乎同時便說：「五四以後，教育完全停頓，學校有不能開學的形勢。」[58] 這感歎大概同時包括經費和學生等各方面的問題，且他的表述並非專論五四與教育的關係，但這無意之中的隨口一說，可能正反映出他的心聲。

　　這些五四時的老師輩，以及那些參與北大講義費事件但終於向不

---

55 蔣夢麟：《晨報四周紀念日之感想》，《晨報副刊》，1922年12月2日，21版（這是上一日紀念增刊的延續，版數也接續前日增刊）。

56 蔣夢麟、胡適：《我們對於學生的希望》，《新教育》2卷5期，592頁（卷頁）。

57 沈仲九：《「五四運動」的回顧》，《建設》1卷3號（1919年10月），608頁（卷頁）。

58 作人：《同姓名的問題》，《晨報副刊》，1922年12月3日，3版。

惜辭職的校長讓步的學生，看到大學校園內外的教育現狀（包括校園外政府與學校的關係和校園內老師與學生的關係），似乎都很容易想起剛過去沒幾年的五四。對他們而言，五四恐怕像一個涵蓋極為複雜的符號和象徵，很難一言以蔽之。

六　餘論：進一步認識「五四」的豐富性

　　基本上，五四運動一發生，很多人就感覺到其劃時代的意義。前引惲代英所說「自從五四運動以來」是幾年後的事，而黃日葵在一九二〇年初就一則說「自從五四運動以後」，再則說「自從五四之後」；那時距學生運動不過幾個月，他卻明顯感覺到什麼都不一樣了，就連外國也「上自一黨的黨務，下至個人的事業」，都在這一年開始之時，「陡然呈活潑潑的現象」。[59] 外國是否真有那些變化且不論（恐怕更多是黃氏自己心裡動，所以看著外界也陡然活潑），這樣的心態卻很能體現不少人心目中五四帶來的即時變化。

　　學生輩對當下的感覺似更敏銳，羅家倫對那幾年的「分期」就頗為細緻，以為「歐戰以後，中國才發生『批評的精神』；五四以後，中國才發生『革命的精神』」。而「要救中國，就靠在這兩種精神上」。[60] 若中國的「革命精神」始自五四，則其言外之意，不過十多年前的辛亥鼎革，便算不上「革命」，或只是一次沒有「精神」的革命。也許是民國二三年後國人對「嘗試共和」的失望太強烈，[61] 致使青年讀書人在記憶中抹去了不久前的武力革命；更可能的是，一個兼

59　黃日葵：《中國危機與青年之責任》，《救國日報》，1920年1月19日，2版。

60　羅家倫：《致張東蓀》（1919年11月19日），《時事新報》，1919年11月25日，3張4版。

61　關於民初對「嘗試共和」的失望，參見羅志田：《激變時代的文化與政治——從新文化運動到北伐》，北京：北京大學出版社，2006年，41-57頁。

具批評和革命精神的「五四運動」之所以能出現，已反襯出此前的革命即使存在也幾乎是有等於無。

老師輩關於五四的歷史對比，則多直指向辛亥革命前後。陶履恭就說，清末也有學生運動，但「學生運動成了彌漫全國的『精神喚醒』，總要算是在『新思潮』發生已後。他的誕生日，就是民國八年五月四日」。[62] 沈仲九則提出，清末「改革的事業都是由地方而中央」，那時北京學生的表現「是不及各省的」。五四就不一樣了，「北京的學界，居然為全國新思想的發源地。因為有新思想，於是遂有『五四運動』的事實，這是北京學生進步的表現」。而且，清末學生「也有做革命事業的」，但「都是離了學生的地位」的「個人行動」；五四時的學生，則是「用學生的資格，大家聯合起來，去做關係國家社會的事業」。其意雖不在革命，倒更像是「學生造反」。[63]

綜合師生兩輩的即時觀感，可知五四的特點一是更能凸顯其有「思想」有「精神」，二是學生體現出進一步的群體自覺。前者與新文化運動關聯密切，使五四在後人認知中輕易地從狹義延展到廣義；後者提示出「學生」這一近代新教育的社會成果日漸脫穎而出，卻越來越疏離於學術和教育本身。[64] 沈仲九的觀察視角有些特別，卻不無所見。晚清從改革到革命，多數時候確實呈現出「由地方而中央」的態勢；那時京師大學堂的學生，也的確沒什麼推動全國思想的表現。

沈氏說五四象徵著以學生自己的認同聯合起來「做關係國家社會的事」，也是一個卓見。蔡元培便指出，五四的一個變化就是學生

---

62 陶孟和：《評學生運動》，《新教育》2卷5期，598頁（卷頁）。

63 仲九：《五四運動的回顧》，《建設》1卷3號（1919年10月），600-604頁（卷頁）。

64 近代學生的興起及其衍化是個大問題，本文不擬深入討論。關於學生及其運動，可參見呂芳上：《從學生運動到運動學生》，臺北：「中研院」近史所專刊，1994年；桑兵：《晚清學堂學生與社會變遷》，上海：學林出版社，1995年。

「化孤獨為共同」，不僅「自己與社會發生了交涉，同學彼此間也常須互助，知道單是自己好，單是自己有學問有思想不行」，必須「將學問思想推及於自己以外的人」。因此，「化孤獨的生活為共同的生活，實是五四以後學生界的一個新覺悟」。[65] 曾任五四學生遊行領導的傅斯年後來論「科學」在中國的歷程時說，「五四」前已有不少人立志於科學，但「科學成為青年的一般口號，自『五四』始」；正是五四使科學從「個人的嗜好」變成了「集體的自覺」。[66] 不僅科學，在其它很多方面，五四也起到了變「個人嗜好」為「集體自覺」的類似催化作用。[67]

五四前大受青睞的「個人」，因學生運動而開始淡出，時人的思想和行動都轉而朝著強調群體的方向發展。不少知識菁英和邊緣讀書人關注的重心逐漸從文化向政治轉移，也是五四後日益明顯的趨勢。[68] 但同時也有相反的觀察，戴季陶在一九一九年末注意到，「今年所發生的新出版品，無論是月刊、周刊、旬刊，都是注目在社會問題，政治問題差不多沒有人去研究」。即使偶有討論政治問題的文字，「也引不起人的注意。而且多數熱心的人差不多都很厭棄這一種著作」。他本人也不例外，但現在開始反思：「我們所希望之社會的改革，是不是和一切政治的問題能夠絕緣的呢？」他的結論是「我們不

---

65 蔡元培：《對於學生的希望》（1920年秋），《蔡元培全集》（4），38頁。

66 傅斯年：《「五四」二十五年》（1944年5月），《傅斯年全集》，長沙：湖南教育出版社，2003年，第4卷，262頁。

67 葉嘉熾後來提出，學生界受新文化運動感染，意識到他們是一個具有特定利益和關懷的社群，甚至形成了自己的「亞文化」（subculture）。參見Ka-che Yip, "Nationalism and Revolution: the Nature and Causes of Student Activism in the 1920s", in F. Gilbert Chan and Thomas H. Etzold, eds., China in the 1920s, New York: New Viewpoints, 1976, pp. 94-108.

68 參見王波，「少年中國學會的成立及前期活動」，北京大學歷史學系2008年碩士論文。

能厭棄政治」，不僅要研究政治，還要投身於政治。[69]

戴氏所說被「社會」一時壓倒的「政治」，隱約指向今人所關注的「國家」（state）。那時與「社會」共同興起的還有個人、世界、人類、思想、文化等等範疇，它們之間相互也頗有競爭，[70] 但都有一個共同的傾向，便是「非國家」。不僅傅斯年表示他只承認大的人類和小的「我」是真實的，兩者「中間的一切階級，若家族、地方、國家等等，都是偶像」；[71] 沈雁冰稍後也喊出「我們愛的是人類全體，有什麼國？國是攔阻我們人類相愛的」！[72]「個人」逐漸淡出後，這類「非國家」的傾向此後仍延續了相當一段時間，亦即從個人向群體的轉移卻不一定表現在「國家」之上。[73]

戴季陶的觀察雖與後人研究所見相異，此後也還有人呼應。甘蟄仙在一九二二年底就說，「四年以前中國思想界所評論的，多半是時事問題；近四年來的思想界所評論的，多半是學理問題」。尤其最近四年「我們青年所討論的，大半都是趨向於學理方面了。這種風氣，《新青年》雜誌實開其先」。[74] 然而，一九二二年時《新青年》已

---

69 戴季陶：《政治問題應該研究不應該研究》，《星期評論》24號（1919年11月16日），4頁。

70 北大一位學生當時就敏銳地意識到：「現在有些人，看著什麼上帝、國、教會、禮法一類的鬼玩藝失了效力了，又橫抬出『社會』兩個字來哄嚇人。」該文指出，作為與個人相對應的範疇，那時「社會」所取代的正是近代西方意義的「國」。不署名：《女子獨立怎麼樣》，《北京大學學生周刊》5期（1920年2月1日），3頁。

71 傅斯年：《新潮之回顧與前瞻》（1919年9月），《新潮》，2卷1號（1919年10月），上海書店1986年影印本，205頁。

72 雁冰：《佩服與崇拜》，《時事新報‧學燈》，1920年1月25日，4張1版。

73 這個現象非常值得關注，一些初步的探討，可參見羅志田：《近代讀書人的思想世界與治學取向》，北京：北京大學出版社，2009年，22-26、66-83頁。

74 甘蟄仙：《最近四年中國思想界之傾向與今後革新之機運（續）》（1922年11月30日），《晨報副鐫》，1922年12月3日，2版。

「在上海自立門戶」，轉而傾向於「談政治」了。[75] 稍後楊鴻烈還表示不滿說，「自《新青年》改觀之後」，中國便不見「真正有普遍效力」的文化運動。因為像陳獨秀這樣「思想過於激進的人」沒有覺悟到「自己在思想界革命的事業的第一步還沒有做完」，而像傅斯年、羅家倫這樣「真正了解文化運動真意義的人大多數出外留學」，丟下了他們未竟的工作。[76]

戴季陶、甘蟄仙、楊鴻烈三人的見解和立場不同，他們的觀察或因此而有些仁者見仁、智者見智的意味。更可能的是，他們實皆各有所見、各有所本，最能體現五四前後中國社會、思想界的多歧特性。若進而把甘蟄仙的認知與蔡元培、胡適等眼中青年學生不讀書的現象對看，特別是那時不少青年「連一本好好的書都沒有讀，就飛叫亂跳地自以為做新文化運動」，則甘氏所謂「我們青年」所討論的「學理」，就很有些意味深長了。

而學生以自己的認同聯合起來「做關係國家社會的事」，也有些特別的影響。前引朱希祖說學生上課「就是一種最大的運動」，這一有意的表述無意中揭示出一個重要的史實：五四的一項附產物，就是「運動」本身成了正當的象徵，不知不覺中已被視為學生的正業。這雖僅是一個附產物，卻是一個舉足輕重、影響廣泛的附產物。當老師輩為增強其正當性和說服力而不得不把在學校上課說成是比真正的運動更「大」的運動時，想必是別有一番滋味在心頭吧。

這樣看來，對不同的人來說，五四的影響是頗不相同的。而五四對後來的影響，或也沒有我們所想的那樣大。一九二二年的五四週年時，老師輩的譚熙鴻已感覺「一年一年的紀念，而在實際上並不見得

---

75 沈雁冰：《客座雜憶——〈新青年〉談政治之前後》（1941年），《茅盾全集》，第12卷，北京：人民文學出版社，1986年，95-96頁。

76 楊鴻烈：《為新青年社的老同志進一解（續）》，《晨報副刊》，1924年2月4日，1版。

有甚影響，似乎倒反覺得一年不如一年的景象了」。[77] 而學生輩的錢用和則感歎道：「冷落呀！這次的『五四紀念』！寂寞呀，這次的『五四紀念』！」[78] 那年晚些時候，北大一些學生發現，「現在社會上都論『五四』為過去歷史上的陳跡了」。[79]

同在一九二二年，北京大學入學考試的預科國文試卷作文題是「述五四以來青年所得的教訓」。有個奉天高師附中的學生問監考的胡適：「五四運動是個什麼東西，是哪一年的事？」胡適對此感到「大詫異」，初尚「以為這大概是一個特別的例外」。不料他走出試場，其它監考的人告訴他，「竟有十幾個人不知道五四運動是什麼」。[80] 這雖然僅占考生的百分之一，但他們可都是青年學生！另據他人的觀察，考試中把五四運動「當作『五月四日開運動會』解釋的，聽說也很有幾位」。[81] 不過三年，五四在歷史記憶中已開始有些模糊了。

儘管每逢五四的週年仍有人紀念，到一九三五年五月，胡適已感覺「這年頭是『五四運動』最不時髦的年頭。前天五四，除了北京大學依慣例還承認這個北大紀念日之外，全國的人都不注意這個日子了」。[82] 這應該不是他比別人更珍愛五四而產生的偏見，生於一九三〇年的余英時先生，抗戰時避居安徽潛山縣官莊鄉，到抗戰結束前，

---

77 譚熙鴻：《紀念「五四」》，《晨報》，1922年5月4日，2版。按譚熙鴻時任北大生物系教授，校長室秘書。

78 錢用和：《這次「五四紀念」的社會心理》，《晨報》，1922年5月4日，6版。錢用和時為女高師學生。

79 李國瑄等：《北京大學學生會有組織必要的意見書》，《北京大學日刊》，1922年11月2日，3版。

80 《北京大學日刊》1922年8月5日，3版；《胡適日記全編》，曹伯言整理，安徽教育出版社，2001年，1922年7月24日，第3冊，737-738頁。

81 嘉謨：《青年生活與常識》，《學生雜誌》11卷9號（1924年9月），45-46頁。

82 胡適：《個人自由與社會進步——再談五四運動》，《獨立評論》第150號（1935年5月12日），1頁。

他便「根本不知道有所謂『五四』其事，更不必說什麼『五四』的思想影響了」。[83]

歷史現象至為繁雜豐富，在地大物博的中國，當年的社會與今天一樣，應該也是一幅「林子大了什麼鳥都有」的圖景。五四涉及面甚廣，而其前後發生的大事要事也不少，所以直到今天，我們對五四的認知仍是一個籠統的大體。然而對歷史而言，細節永遠是重要的。就像余英時先生所說，對不同的人，五四就像「月映萬川」那樣因人而異，「同是此『月』，映在不同的『川』中，自有不同的面目」。所以他對於五四，「還是希望求得更深的理解」。[84]

有些歷史上的事件和運動是因為材料不足徵而不容易弄清楚，五四則不然，相關史料真可以說是汗牛充棟。五四的意涵本相當豐富，一些材料頗充足的面相長期被視而不見，對研究者而言實處於一種存而不論的狀態；另一方面，經過了長時期各種取向的解讀，一些面相固然愈來愈清晰，詮釋者也可能增添了一些「作霧自迷」（熊十力語）的成分。

柯林武德在區分自然過程和歷史過程時提出，自然過程中的「過去」一旦被「現在」所替代，就可以說消逝了；而歷史過程中的「過去」則不同，「只要它在歷史上是已知的，就存活在現在之中」。正是歷史思維使「歷史的過去」成為「一種活著的過去」。因此，不能被後人認知和重新思考的，便等於尚未進入歷史過程。[85] 如今很多人正

---

83 余英時：《我所承受的「五四」遺產》，收入其《現代危機與思想人物》，北京：生活‧讀書‧新知三聯書店，2005年，71-72頁。

84 余英時：《我所承受的「五四」遺產》，《現代危機與思想人物》，74頁。

85 這是柯林武德所謂一切歷史都是思想史的學理基礎，但他並非「以不知為不有」（傅斯年語），而是主張努力去認知那些尚未被認知的部分。參見R.G. Collingwood, The Idea of History, 北京：中國社會科學出版社，1999年，pp. 225-26, 218-19. 此書有中譯本，見《歷史的觀念》，何兆武、張文傑譯，北京：中國社會科學出版社，1986年，256、248頁。

在思考怎樣繼承「五四遺產」或是否應當跳出「五四的光環」，他們或許有些類似柯林武德之所言，側重的是在我們心中能夠重新思考的那個「五四」。

但蒙思明看法稍不同，他以為，「歷史本身的演變，一氣相承，川流不息」。一件事有無史料保存，只影響我們的歷史知識，卻無關於歷史本身。一件事的史料消亡，或不被記憶、認知，既不意味著史無其事，也不能說該事件「對於我們當前的生活與思想就無影響」。[86] 這是一個非常深刻的睿見，從這個視角看，我們的生命中其實融匯了無數過去的生命，而歷史也就意味著過去的生命融入了我們的生命。即使在歷史言說中「不知」（或在歷史記憶中一度隱去）的「過去」，也依然影響著「我們當前的生活與思想」。

五四應當就是這樣的「過去」。已是歷史的五四，不論我們對其已知多少，也像一切歷史那樣，早已活在我們的血脈之中。從這個角度言，五四給我們的影響，恐怕是招之未必來，揮之難以去。但作為歷史的五四，卻仍然需要探索和了解。豐富我們的歷史知識，使其接近本真的歷史，本是每一個史家的責任。不論是廣義還是狹義的五四，都還有很多基本史事需要進一步的探索和更深入的認識。

畢竟那是一個充滿了矛盾、衝突和激情的時代，發生在當時的任何事情，多少都帶有時代的烙印。五四本身，也特別需要作為一個充滿了矛盾、衝突和激情的豐富歷史活動來理解和認識。在那些歷史記憶中曾經隱去或為人所「不知」的五四面相進入我們的歷史言說，成為我們心中可以重新思考的「歷史事實」之後，不僅我們認知中的五四與過去不一樣，我們的「生活與思想」也可能有所不同。

原刊《近代史研究》二〇一〇年三期

---

86 蒙思明：《歷史研究的對象》，《華文月刊》1卷6期（1942年11月），15頁。

從科學與人生觀之爭看後「五四」時期對「五四」基本理念的反思[*]

　　新文化運動兩個最基本的口號科學與民主在五四運動之後各曾有過一場較大的爭論，即一九二三年的科學與人生觀（玄學）之爭和北伐成功之後關於「人權」的論爭以及九一八之後的民主與獨裁之爭。從思想史的角度看，這兩次爭論可以說是後五四時期中國思想界對五四基本理念的反思；而且這一反思基本是在尊西趨新派陣營中進行（較少受西方文化影響的真正「保守」派或正脫除西方影響的章太炎等人便幾乎不曾關注這些爭論），其中包括不少新文化運動領銜人物，較能反映同一批人在時代轉變後對原有基本理念的重新檢討。¹

　　科學與人生觀之爭過去一直受到學界關注，近年海峽兩岸的少壯學人對此相當重視，新論不少。² 但除三十年代的著述外，從思想界

---

* 本文使用的一些資料承張淑雅小姐和汪朝光、汪暉、謝國興先生提示，特此致謝！

1 可以說，除「科學」外的大部分五四基本理念在後五四時期似乎都有從量到質較大的轉化甚至基本轉到對立面，參見羅厚立《歷史記憶中抹去的「五四」新文化研究》，《讀書》1999年5期。

2 較早的研究大約當屬兩位左派學者伍啟元的《中國新文化運動概觀》（現代書局，1934年）和郭湛波的《近五十年中國思想史》（人文書店，1936年，山東人民出版社1997年橫排新版）兩書中關於此次論戰的專章；美國漢學著作中將此事列為專門章節討論的有：Chow Tse-tsung, *The May Fourth Movement: Intellectual Movement in Modern China*, Harvard University Press, 1960（江蘇人民出版社1996年出版中譯本）；D.W.Y. Kwok, *Scientism in Chinese Thought 1900-1950*, Yale University Press, 1965（江蘇人民出版社1995出版中譯本）；Charlotte Furth, *Ting Wen-chiang: Science and*

自身反省的角度進行觀察的似不多見。[3] 同時，近幾十年為多數人常規使用的「科學主義」概念是否準確表述了五四新文化人心目中「科學」的真義，即其是否是一個有效的詮釋工具，也還有討論的餘地。

　　儘管有眾多研究在前，論戰本身的史實重建似仍不夠充分，有時一些看似細微的具體過程其實提示著這一論戰非常重要的特徵和意義。就目前我已接觸到的材料看，稍全面的史實重建決非一文的常規篇幅所能涵蓋，故對有些既存研究論述較少的面相，如從清季起中國士人已在關注的科學與「文學」（其義略近於今日人文學與社會科學）的關係、大家都認為如此嚴肅重要的論戰為何以相當輕率隨意的方式表述（此最足揭示五四人心態中一些隱伏但相當關鍵的因素）、五四後「賽先生」實際落實到整理國故和史學（而非數理化和工業技術）之上、以及這次論戰是在怎樣的語境中進行和這一語境在多大程度上及怎樣影響了論戰本身等，均只能另文探討。

　　我特別希望了解的是：張君勱一次帶偶然性的講話究竟在何處以及怎樣挑戰了五四人的基本觀念（從而引起後者不得不拔劍而起）？同時，本文也擬從考察「科學」觀念在後五四時期的演變這一視角來

China's New Culture, Harvard University Press, 1970（湖南科技出版社1987年出版中譯本）。此外，林毓生先生於八十年代寫有兩篇專文《民初科學主義的興起與涵義——對民國十二年「科學與玄學」論爭的省察》和《近代中西文化接觸之史的涵義——以「科學與人生觀」論戰為例》，均收入其《政治秩序與多元社會》，臺北：聯經出版公司，1989；近年較詳細的研究包括汪暉《從文化論戰到科玄論戰——科學譜系的現代分化與東西文化問題》、《科學世界觀的分化與現代性的綱領——張君勱與「人生觀之論戰」的再研究》，分別載《學人》第9、11輯；葉其忠《從張君勱和丁文江兩人和〈人生觀〉一文看1923年「科玄論戰」的爆發與擴展》、《1923年「科玄論戰」：評價之評價》，分別載《中央研究院近代史研究所集刊》，第25、26期。

3　這些研究也包括陳端志的《「五四運動」之史的評價》（生活書店，1936年，有香港中文大學1973年影印本），該書有專章討論德、賽二先生的發展和演化，不過其論證從材料到敘述基本都取自伍啟元書。

反觀五四人心目中的「賽先生」究竟何義，希望能使我們對這次論戰的理解和認識略有寸進，並進而有助於我們更進一步地理解「科學」這一五四新文化運動時的基本觀念。

一　論戰雙方的動機

從論戰的當時起，思想界和學術界對這次論戰意義的評價都相當高。但這次被時人和後之學者賦予相當歷史意義的思想論戰有一個特點，即表述方式超乎尋常的不嚴肅，許多文字均以恢諧甚至攻擊的口吻出之。最典型的概括即胡適所說「文雖近於遊戲，而意則甚莊」。梁啟超對此甚為不滿，他認為「這回這論戰題目太重大了，行文更要格外勤懇鄭重。否則令人看作遊戲文章，便會把原來精神失掉大半。」[4] 為什麼許多當事人認為如此重要的思想問題卻以「遊戲」文字表述之？深入分析這一弔詭現象只能俟諸另文，但有一點可以考慮，即這次論戰雖觸及時人關注的重大問題，但其爆發在一定程度上是偶然的，故許多人的表述呈現出相當的隨意性。

正如梁啟超所說，張君勱最初「不過在學校裡隨便講演，未曾把『人生觀』和『科學』給他一個定義。在君也不過拈起來就駁」。[5] 雙方的思慮或者都較深遠，但一開始並未特別注重其所討論的具體概念。由於是針對特定對象的即席演說，而不是對全國學界發宣言，張君勱的演講內容並非精雕細刻，自相牴牾之處確不少見。他後來回憶時卻強調他其實有很高遠的大目標，即「一個人對於社會提出一種思

4　胡適致張君勱，附在其《孫行者與張君勱》；梁啟超：《關於玄學科學論戰之「戰時國際公法」》，均收《科學與人生觀》，山東人民出版社1997年橫排新版（用亞東圖書館本），125、122頁。

5　梁啟超：《人生觀與科學》，《科學與人生觀》，138頁。

想，是對於青年、對於學術有重大影響；換句話說，提出一種思想方向是有重大的責任」。他當初即希望這「可以使我們的思想界有一種大目標，大家可以向前進行；或者我們的思想史上，可以開一個新局面」。[6]

這樣的大目標恐怕是後來逐漸「層累堆積」出來的，因為張第一次講話的內容實在不足以承擔這麼大的抱負（當然他後幾次文章越來越體現出關懷的深切）。[7] 梁啟超也聲稱「這回論戰原是想替我們學界開一新紀元，令青年學子對於這問題得正確深造的了解」。[8] 這是否是預定的目標同樣很值得懷疑，因為最初講話的張君勱並不知道丁文江要反駁。但張、梁均提及的「青年」卻的確是論戰者（特別是丁文江）針對的對象。

張君勱的談話對象是平日所學皆科學而「不久即至美洲」的清華學生，正因為「方今國中競言新文化」，而這些學生又肩負著「將來溝通文化之責」，故張希望他們能將他之所論「時時放在心頭」。張或擔憂這些青年會將西方文化不加區別不加選擇地全盤引進，所以先給他們打一劑防疫針。其講話的要點似即在最後一段，而最核心者大約即「吾有吾之文化，西洋有西洋之文化」一句。不過，張接下來並未明確為中國文化張目，而是提出「西洋之有益者如何採之、有害者如何革除之」這一取捨問題皆決之於人生觀。所以，當他說人生觀是「文化轉移之樞紐」時，其實也不過是指引進西方文化時應有所取捨而已。這對飽受新文化運動衝擊而即將留學美國的清華學生，當然有直接的針對性。[9]

6　張君勱《人生觀論戰之回顧》，《東方雜誌》31卷13期（1934年7月），7、10頁。

7　後來張君勱等「新儒家」那種沉重的責任心和救世的道德負擔在這裡已有所顯露，而其實際上提不出什麼具體可行的方案這一特點也已稍露端倪。

8　梁啟超：《關於玄學科學論戰之「戰時國際公法」》，《科學與人生觀》，121頁。

9　張君勱：《人生觀》，《科學與人生觀》，33-40頁。

　　新文化運動的早期研究者伍啟元認為，張君勱的「直覺主義不過是一種玄學的思想」，其代表的是早已沒落的封建殘餘，已無社會基礎，故不過是一種「迴光返照」，「其實不用實驗主義者的全體動員，它也必不打而自倒了」。[10] 但這一點丁文江顯然不同意，他從張君勱的言論中看出了非常嚴重的潛在「錯誤」影響，並不止一次表示他對張的講話「決計不能輕易放過」、「勢不能不」出來批駁，可知其感覺到一種非常明顯的壓力；而張在清華的講話其實相當隨意，在學理層面似不足以構成這樣強烈的壓力。

　　所以，是否可說丁文江等更為關注的是張君勱（以及更早的梁啟超）的言論可能造成的影響，即對「科學」在中國的推進造成阻礙，特別是對青年可能產生誤導作用。丁文江曾告訴胡適，「前天君勱找我去談天，與他辯論了一個鐘頭，幾乎把我氣死！」他在列舉了兩人對話的要點後說，「我想我們決計不能輕易放過他這種主張」，故決定做一文駁之。[11] 丁氏當時的心態在其給章鴻釗的信中說得很明白：他對「張君勱提倡玄學與科學為敵，深恐有誤青年學生，不得已而為此文」。[12]

　　胡適在五十年代回顧這一論戰時說：當日「君勱所要提倡的和在君引為隱憂的」問題，表面是科學是否能解決人生觀的問題，「但這問題的背後，還有一個問題，即張君勱認為「科學及其結果——物質文明——不但是『已成大疑問』的東西，並且是在歐洲已被『厭惡』的東西」，青年人應該回歸側重內心生活之修養而「其結果為精神文

10　伍啟元：《中國新文化運動概觀》，177頁。

11　丁文江致胡適，1923年3月26日，《胡適來往書信選》，北京：中華書局，1979年，上冊，188-190頁。

12　參章演存〔鴻釗〕：《張君勱主張的人生觀對科學的五個異點》，《科學與人生觀》，146頁。

明」的理學傳統。因此，丁文江視此為「與科學為敵」，必須出來「提醒」青年學生。[13]

丁文江認為，「科學是歐洲人的精華，『形而上』學是他們的糟粕」。若依張君勱所說「人生觀真正是主觀者，單一的、直覺的，而甚麼『專制婚姻、自由婚姻，社會主義、國家主義，男女平等、尊男輕女……』都是人生觀，然則世界上還有甚麼討論，還有甚麼是非？」[14] 這正是一個丁不能放過張的關鍵，世界上無是非，特別是新文化人所關注推動的那些方面沒有了是非，中國的改良也就沒有了明確的方向；若青年受此影響，則中國改良的希望就渺茫了。

故丁氏明確指出：「張君勱是作者的朋友，玄學卻是科學的對頭。玄學的鬼附在張君勱的身上，我們學科學的人不能不去打他。」不過，「我做這篇文章的目的不是要救我的朋友張君勱，是要提醒沒有給玄學鬼附上身的青年學生」。丁文江強調，玄學家如果自己研討其本體論，可以不必反對，「但是一班的青年上了他的當，對於宗教、社會、政治、道德一切問題真以為不受論理方法支配，真正沒有是非真偽；只須拿他所謂主觀的、綜合的、自由意志的人生觀來解決他。果然如此，我們的社會是要成一種甚麼社會？」[15] 可知其目的與張一樣，都在針對學生而試圖影響學生（或可說是在爭奪學生）。

這樣，論戰諸公所欲針對的都是青年學生，應是無疑的。而胡適、丁文江等更加看重這一點，或因為當時青年本多站在他們一邊。熊十力注意到：「五四運動前後，適之先生提倡科學方法，此甚要緊。又陵先生雖首譯名學，而其文字未能普遍；適之銳意宣揚，而後

---

13 胡適：《丁文江傳》，海南出版社1993年橫排新版，63-64頁。

14 丁文江致胡適，1923年3月26日，《胡適來往書信選》，上冊，190頁。

15 丁文江：《玄學與科學》，《科學與人生觀》，41-42、52頁。

青年皆知注重邏輯；視清末民初，文章之習，顯然大變。」[16] 一向樂觀的胡適看到了趨新大勢的社會影響，他發現自十九世紀末以來，科學這個名詞「在國內幾乎做到了無上尊嚴的地位：無論懂與不懂的人，無論守舊和維新的人，都不敢公然對他表示輕視或戲侮的態度。」[17]

略帶諷刺意味的是，在科學的「話語權勢」之下，真正能對科學提出質疑的或者只有從西方回國的留學生。由於當時的「科學」其實是西來的，留學生大概因其略知西學而具有某種對「不科學」指責的「免疫」身分。如留學美日兩國的楊蔭杭就敢指斥時人「略聞一二粗淺之科學，即肆口痛詆宗教為迷信，此今日中國之通病」。其實「無論孔教、佛教、基督教，擇其一而信之，皆足以檢束身心，裨補社會；而獨不可屏棄一切，以虛無鳴」。而胡適在一次與王寵惠等吃飯時，也聽到王「大罵西洋的野蠻，事事不如中國」，只有請客吃飯的規矩比中國好。[18] 在當時的語境下，為「迷信」伸張或罵西洋的野蠻，似乎也只有留學生才能說得比較理直氣壯。

正因為科學已處於一種「沒有一個自命為新人物的人敢公然譭謗」的地位，但實際上又沒有多少人「懂」（故其威權實不鞏固），曾經是趨新先鋒的梁啟超站出來說科學「未必萬能」就有不同尋常的影響了。胡適當時解釋這次論戰「發生的動機」說：「歐洲的科學已到了根深蒂固的地位，不怕玄學鬼來攻擊」；但中國的情形則不同，此時「正苦科學的提倡不夠、正苦科學的教育不發達、正苦科學的勢力

16 熊十力：《紀念北大五十週年並為林宰平先生祝嘏》，《國立北京大學五十週年紀念特刊》，北京：北京大學出版部，1948年，30頁。

17 《科學與人生觀・胡序》，10頁。

18 1920年6月7日《申報》，楊蔭杭：《老圃遺文輯》，武漢：長江文藝出版社，1993年，11頁；《胡適的日記（手稿本）》，臺北：遠流出版公司，1989-90年，1922年3月31日（原書無頁）。

還不能掃除那迷漫全國的烏煙瘴氣」，卻有名流學者出來「把歐洲文化破產的罪名歸到科學身上」；不管其本意如何，「梁先生的話在國內確曾替反科學的勢力助長不少的威風」。[19] 但由於丁文江與梁啟超關係非同一般，他自己即曾追隨梁同遊戰後的歐洲，且兩人的輩分也有差異，丁恐不便直接向梁挑戰。張君勱的演講恰給丁以發動的機會。

　　吳稚暉當時已指出：「張先生的玄學鬼，首先是托梁先生的《歐遊心影錄》帶回的」。[20] 胡適復注意到張君勱實際也比梁啟超走得更遠，梁到底還聲明本不欲「菲薄科學」，而張「原是一位講究『精神之自足』的中國理學家，新近得到德國理學家倭伊鏗先生的印證，就更自信了；就公開的反對物質文明，公開的『菲薄科學』，公開的勸告青年學生：科學無論如何發達，決不能解決人生觀的問題；公開的宣傳他的見解：『自孔孟以至宋元明理學家側重內心生活的修養，其結果為精神文明』。」[21]

　　張君勱既然已突破清季以來不敢公開輕視科學的常規，其對新文化人所推動之事業的威脅就凸顯出來了。值得注意的是「理學家」張君勱的「自信」其實是西來的，在尊西的民初，柏格森、倭伊鏗等人的名字本身便具有相當的「話語權勢」，張氏打著他們的「旗號」來「替梁先生推波助瀾」，實具有更大的威懾性。在胡適看來，「新文化運動的根本意義是承認中國舊文化不適宜於現代的環境，而提倡充分

---

19 《科學與人生觀・胡序》，12-13頁。胡適認為「中國此時還不曾享著科學的賜福，更談不到科學帶來的『災難』」，所以不能允許玄學鬼的進攻。他實際上並未完全否認科學可能帶來「災難」，也不否認科學在中國普及後或應討論科學可能帶來的災難；他只是認為時機不合適，即這樣的問題不適宜在當時的中國討論。

20 吳稚暉：《箴洋八股化之理學》，《科學與人生觀》，308頁。按吳文之所以甚得胡適欣賞，很可能正因其將矛頭多指向梁啟超和梁漱溟而非張君勱，不過胡適要到晚年才明確認識到這一點。

21 胡適：《丁文江傳》，64-65頁。

接受世界的新文化」。他們要引進的「新文化」，正以來自西方的科學與民主為表徵。梁啟超等人在歐戰後對「科學」的質疑，實即向五四人最基本的觀念挑戰，當然要引起新文化人的激烈反彈；再加上樨、張等言論出處多自西來，更強化了挑戰的衝擊性，故「信仰科學的人」便不能不「大聲疾呼出來替科學辯護」了。[22]

同時，許多新文化人仍像當年發動文學革命時一樣感受到來自舊勢力（即今人常說的「傳統」）的強大壓力，這在陳獨秀對當時社會成分的觀察中有充分的體現。他認為中國當時尚屬孔德所說的「宗教迷信時代：你看全國最大多數的人，還是迷信巫鬼符咒算命卜卦等超物質以上的神秘；次多數像張君勱這樣相信玄學的人，舊的士的階級全體、新的士的階級一大部分皆是；像丁在君這樣相信科學的人，其數目幾乎不能列入統計。」[23]

純粹從總人數上看，陳的話似不能算不對。但就後五四時期構成所謂「輿論」的社會成分而言，他恐怕太低估了「新的士的階級」中「相信科學」的人數（張君勱其實也只是想說科學還是有所不能而已）。葉其忠注意到，「所有支持張君勱的參戰者有許多保留」，且幾乎為間接的；而「支持丁文江看法的參戰者比較少保留」，且均直接支持。[24] 此最可見科學這一「話語權勢」之預存，無人能公開與之對

22 《科學與人生觀胡序》，12-13頁；胡適：《新文化運動與國民黨》，《新月》，2卷6-7號（1929年9月10日，非實際出版時間），5頁。張君勱後來說，中國人接受西洋科學至少已數十年，「我們應該拿一種思索（Reflective thinking）的精神和批評的精神來想一想科學是什麼」。這裡他對「思索」所下的英文界定說明他的觀念的確是反思性的，張當時或者真在思索「我們接受科學」之後的整體，而新文化人恐怕有意無意中視其為對五四新文化基本概念的反思。參張君勱：《人生觀論戰之回顧》，《東方雜誌》，6頁。

23 《科學與人生觀·陳序》，3頁。

24 葉其忠：《從張君勱和丁文江兩人和〈人生觀〉一文看1923年「科玄論戰」的爆發與擴展》，239頁。

立。其實「舊的士的階級」也不少趨從於科學的威力，幾年前武昌高師的史地部主任姚明輝就在該校的《數理雜誌》發表《三從義》和《婦順說》，以數學原理證明「三從」和「婦順」實天經地義，曾引起《新青年》的反彈。[25] 姚氏所論是否有理是一回事，但維護「三從」和「婦順」也必須訴諸科學，並發表在《數理雜誌》之上，卻最能體現時代的轉變和科學的威權。更重要的是，西化菁英的社會影響實遠超過其人數，他們的廣大青年追隨者（即論戰雙方所真正注目者）這一社會力量相當強大，陳對此估計明顯不足。[26]

　　整個論戰中科學派對來自「傳統」那潛在的威脅或衝擊給予了高度的重視，大致傳承了新文化人對傳統壓力的想像傾向。[27] 但同為中國傳統，還有上層主流文化與相對邊緣的基層文化（即西人所謂大小傳統）的關係問題。中國的大小兩傳統其實本是一直處於競爭之中的[28]，五四人大約因有西方這一參照係在，從中西文化競爭的角度著眼，反多看見其關聯和相互支持的一面。胡適在科學的影響力方面雖比陳獨秀更樂觀，但他看見的中國實與陳之所見略同，仍是一片「迷漫全國的烏煙瘴氣」。他那時要大家「試睜開眼看看：這遍地的乩壇道院，這遍地的仙方鬼照相；……我們只有求神問卜的人生觀、只有《安士全書》的人生觀、只有《太上感應篇》的人生觀」。[29]

---

25 《新青年》6卷6期（1919年11月1日）「通信」欄《請看姚明輝的三從義和婦順說》，654-657頁。

26 說詳羅志田《近代中國社會權勢的轉移：知識分子的邊緣化與邊緣知識分子的興起》，《開放時代》，1999年4期。

27 參見羅志田《林紓的認同危機與民初的新舊之爭》，《歷史研究》1995年3期。

28 這裡所謂的大傳統小傳統，是套用西人對上層文化和下層文化的分法。如果從追隨者的眾寡看，下層文化這個傳統當然要「大」得多。

29 《科學與人生觀·胡序》，13頁。這樣看問題的時人尚不少，差不多十年以後，王造時發現「以前張君勱先生說了幾句關於人生觀的話，便有丁文江先生等一大群人去打玄學鬼；今年由考試院長戴季陶先生等所發起的時輪金剛法會在北京舉行，在

當丁文江表示自己對宇宙間不知的成分寧取「存疑」態度時，陳獨秀和胡適都認為丁太消極，等於間接承認了有神論；應採取一種相對「武斷」的態度，明白宣稱其無神論信仰（他們都認為無神論的證據已充足，要到有神論者拿出證據時才能放棄其信仰）。[30] 其實承認宇宙有不可知成分併不一定意味著神或上帝的有無，尤其玄學派完全沒有這方面的暗示；但陳、胡二人卻看到了潛在的威脅，即給玄學以地位就可能導致有神論，故胡適將吳稚暉否認上帝的言論譽為「真正的挑戰」。其實吳所挑戰的並非實際參戰的玄學派，而是沒有參與論戰的「迷漫全國的烏煙瘴氣」。

這正是吳稚暉眼里中國當時的情形：一方面象徵西方經濟入侵的「新新公司又將開幕」，而另一方面「同善社、道德社、大同教、吳鑒光、小糊塗、金剛眼，皆猖獗得遠超過於戊戌以前」。[31] 吳的觀察提示了在戊戌以前儒家主流文化尚未崩散時，「子不語」的怪力亂神在中國並無太多市場；西潮衝擊使中國主流文化退居二線後，便先有義和拳的出現，後有二十年代各種「怪力亂神」的猖獗，再次提示了作為異端進入中國的西潮無形中對昔日中國邊緣文化的支持。[32] 所以新文化人眼中舊文化「妖焰」的復熾，其實恰是傳統崩散的表徵。特別具有弔詭意味的是，一方面，新文化人將「怪力亂神」的猖獗看作傳統的餘威不絕；另一方面這些孔教的反對者又實帶儒家特別是「僧道無緣」的理學家氣味，他們把道教（部分也包括道家）明確視為異端。

丁文江胡適之先生等腳下大演法寶，鬧得轟轟烈烈，文化城中倒沒有人去喇嘛廟裡打鬼。」王造時：《復興新文化運動》，《主張與批評》，第3期，轉引自陳端志《五四運動之史的評價》，344頁。

30 《科學與人生觀·陳序、胡序》，7、17頁。

31 吳稚暉：《一個新信仰的宇宙觀及人生觀》，《科學與人生觀》，404頁。

32 關於這一點，參見羅志田《傳教士與近代中西文化競爭》，《歷史研究》1996年6期。

　　不僅胡適和吳稚暉的攻擊範圍均涉及道教，丁文江在聲討張君勱的「玄學」是「西洋的玄學鬼」聯合了宋明理學「一班朋友的魂靈」時，也特別指出張的人生觀「玄而又玄」。[33] 這裡「玄而又玄」顯係有意使用，正欲使讀者產生聯想。張君勱已注意及此，他指責丁文江雖「號為求證之科學家」，其為文之「字裡行間，唯見謾罵之詞」。張認為他自己對精神科學和物質科學的界限甚清，而丁「偽為不知，乃欲以『陰陽五行』之徽號加入，以為藉此四字可以亂人觀聽」。丁以玄學稱謂張的人生觀，正是「明知今之青年聞玄學之名而惡之，故取此名以投合時好」。[34]

　　張君勱的思想資源本來更偏向於西方，所以他認為「國人所以聞玄學之名而惡之者，蓋惑於孔德氏人智進化三時期之說也」。但羅家倫卻能理解到玄字在中國「向有的意義」才是關鍵所在，他認為「玄學（Metaphysics）的名詞，在中文帶著有歷史背景的『玄』字，是很不幸的。因為涉及『玄之又玄』、『方士談玄』……種種意義，引起許多無聊的誤解。」[35]

　　在晚清諸子學興起特別是在新文化人「打倒孔家店」之後，中國歷史上的魏晉玄學其實已變成一個相對正面的詞彙。從國粹學派到新文化人中的魯迅等人（甚至五四學生輩的朱謙之等），大致都對「魏晉文章」持欣賞態度。非儒家的梁漱溟先已非常正面地使用玄學一詞，他以為玄學與科學正體現了中國與西方文化的區別。[36] 只有在正

33 丁文江：《玄學與科學》，《科學與人生觀》，51頁。

34 張君勱：《再論人生觀與科學並答丁在君》，《科學與人生觀》，62、64、98頁。

35 張君勱：《再論人生觀與科學並答丁在君》，《科學與人生觀》，99頁；羅家倫：《科學與玄學》，《羅家倫先生文存》，臺北國史館、國民黨黨史會，1976年，第3冊，279-280頁。

36 丁文江使用「玄學」一詞或亦因梁漱溟先已論及玄學，提示著這次論戰與稍前開始的「東西文化論戰」的接續（其中「東方文化派」以二梁為代表）。參見汪暉《從文化論戰到科玄論戰——科學譜系的現代分化與東西文化問題》，《學人》第9輯。

統儒家眼中，「玄學」才是一個負面名詞。丁文江對此詞的貶義使用，提示了儒家正統觀念在西化的新文化人潛意識中不僅存在，而且相當深厚，稍一不慎即會表露。正如傅斯年對胡適所說：「我們思想新信仰新；我們在思想方面完全是西洋化了；但在安身立命之處，我們仍舊是傳統的中國人。」[37] 其實他們豈止是一般「傳統的中國人」，而且是儒家味道甚重的傳統中國人。

　　新文化人正是在這樣的心態下起而反擊張君勱的人生觀言論。由於「科學」作為西方文明（優越或不足）的象徵更勝過其實際內容，論戰表述的隨意性之另一典型體現即各方在學理方面準備都不充分。時人已對論戰的表述水準感到失望，陳獨秀即說辯論雙方未能將討論集中在「科學與人生觀」之上，他認為張君勱的文字固然更加枝蔓，但科學派的文章也「大半是『下筆千言離題萬里』，令人看了好像是『科學概論講義』」。[38] 其實丁文江等本意正不在此而在彼，丁氏對此說得很明白：玄學家如果自己研討其本體論，可以不必反對；他所顧慮的是青年上了玄學家的當。

　　當時唯吳稚暉是解人，他根本認為「學問的法寶」談得太多才是把官司「打到別處去了」。胡適在論戰當年也與陳獨秀有同感，以為論戰者多未弄清楚科學的人生觀究竟何義；但他到晚年更具後見之明的優勢時，則轉同意吳的看法，指出丁文江本清楚這次討論「最重要的問題」是「科學方法是否有益於人生觀，歐洲的破產是不是科學的責任」；但他不幸提出了「科學的知識論」問題，結果「把本題岔到別的問題上去了」。[39] 我們今日研究這一論戰，恐怕也應該回到當事人更關注的「本題」吧。

37　傅之言轉引自《胡適的日記》，1929年4月27日。

38　《科學與人生觀陳序》，2頁。

39　吳稚暉：《箴洋八股化之理學》，《科學與人生觀》，305頁；胡適：《丁文江傳》，68頁。

　　不少後之研究者之所以也有類似陳、胡當年的失望感，或者即因
為他／她們在心中預設了一個理想的（有時甚至是超越於論戰者時代
的）論戰標準，然後再以此標準來衡量論戰本身。[40] 其實論戰的當事
人之所欲言（當然各有側重）與這些失望者之所欲觀本未必一致，前
者真正關懷和關注的，並不一定在於「科學」和「人生觀」本身究竟
應如何界定，以及兩者是否或怎樣衝突等問題。後之研究者若僅將注
意力集中於雙方言論的概念層面（這是迄今為止研究得最多的），或
不易把捉到論戰諸人的真實心態。如果返其舊心，以「了解之同情」
的態度去考察時人立論時的心態和意願，也許所得便會不同。當然，
論戰者雖有其特定的關懷，但其各種表述仍圍繞著「科學」這一核心
觀念進行，故五四人心目中的「科學」究竟何義，的確是應該澄清的
問題。

二　進化論與作為「五四」基本理念的「科學」

　　過去對新文化運動或科學與人生觀論戰的研究都傾向於使用「科
學主義」的概念來詮釋五四新文化人心目中的「科學」。「科學主義」
在西方是個含義不甚確定的術語，較早將其用於中國研究的郭穎頤對
其定義是「把所有的實在都置於自然秩序之內，並相信僅有科學方法
才能認識這種秩序的所有方面（生物的、社會的、物理的或心理
的）」。[41] 這一定義如果較寬泛地使用，應有助於認識和解釋許多新文

---

40 不少研究者都根據幾十年後西人對「科學」和「科學主義」的研究來反觀時人的觀
　　念，他們在研究時無意中實際上參與或介入了這場爭論，既成為爭論之一方同時又
　　兼充「裁判」之職，從而「發現」當時論者的種種疏漏和「不足」。

41 郭穎頤：《中國現代思想中的唯科學主義》，雷頤譯，南京：江蘇人民出版社，1995
　　年，17頁（這裡「唯科學主義」即Scientism的中譯）。

化人的科學觀，因為許多人或多或少都有相近的傾向。但在嚴格意義上使用，很可能對具體的每一個人都未必合適。特別是時人對於「科學」以及作為這一主義最基礎的「科學方法」本身，其實有著相當不同甚至帶本質區別的理解；在這樣的情形下，一個帶高度概括性的西方抽象術語對發生在中國的一次具體爭論有多大的史學詮釋能力，恐怕是要存疑的。[42]

且後之使用科學主義者常有進一步的發揮，如嚴搏非便認為，科學是帶著倫理色彩作為一種價值體系進入中國，到五四時代成為具有「新權威」性質的價值信仰，與其在近代西方反權威的本質恰好相反。[43] 這樣的觀念，至少在這次論戰之中「科學派」一邊得不到充分反映。丁文江曾面告張君勱，「科學的通例是一種事實因果關係的縮寫，並不是一成不變的。有了新事實，就可以推翻」。張的反應是「真正出乎意料之外」！他原「不知道科學是如此一文不值」，因此還增強了反對科學的信心。[44] 胡適晚年回憶說：丁文江這一觀念實在「太謙虛了、太不武斷了，所以許多人感覺失望，許多人不認得在君說的是『科學』！」[45] 「科學」在丁氏那裡「謙虛」到使「許多人不認得」，則不僅其「權威」性有限，更頗說明時人觀念的不一致。

如前所述，科學概念本身未必是當時論戰諸人關注的重心。胡適所說的「懂與不懂的人」均推崇科學一語很值得注意，在論戰之中已有許多人指出許多參戰者其實不怎麼「懂」一般或具體某一科的「科

---

42 當時尚在美國讀書並自稱為此而參閱了四百多種書籍的羅家倫便發現，辯論雙方對科學與玄學的理解都與當時的西方頗不相同。參羅家倫：《科學與玄學》，215-220、381-384頁。

43 嚴搏非：《論「五四」時期中國的知識分子對科學的理解》，收林毓生等編《五四：多元的反思》，香港：三聯書店，1989年，198-214頁。

44 丁文江致胡適，1923年3月26日，《胡適來往書信選》，上冊，190頁。

45 胡適：《丁文江傳》，75頁。

學」，後之研究者也每每提到這一點。「不懂」者也要表示尊敬，非常能體現科學在那時的「話語權勢」；而許多「不懂」者又都敢於在此方面立言而不覺有自我檢束的必要，復體現出這一「權勢」那虛懸的象徵性，即其威權或無形的「控制」更多表現為一個大家必須尊重的社會象徵，在具體的「話語」層面反而「懂與不懂的」各種人都可振振有詞（實際歷史畫面呈現出的正是「言人人殊」的現象）。[46]

「科學」的概念本身是一個發展中的變數。我們今日提到「科學」，首先聯想到的大概是數理化一類學科；但五四人更注意的是科學的「精神」和「方法」，而且這些「精神」和「方法」其實多來自生物進化論（對多數人來說恐怕意味著嚴復版的「天演論」而已[47]），又漸成為抽象的精神和廣義的方法，特別與理化等具體學科的研究方法有距離。這大概即是科學與人生觀之爭時許多人下意識中那不言的「科學」，其與「格致」一線之科學發展的關聯反而是相對鬆散的。

五四人多認為實驗主義和辯證法的唯物史觀是科學的兩大分支，陳獨秀在科學與人生觀論戰前後曾主張這兩種方法應該合作成一條聯合戰線。胡適後來反駁說：「辯證法出於海格爾的哲學，是生物進化論成立以前的玄學方法。實驗主義是生物進化論出世以後的科學方法。這兩種方法所以根本不兼容，只是因為中間隔了一層達爾文主義。」[48] 值得注意的是胡適用以判斷或區分是否「科學」的標準正是

---

46 若對參戰者做一社會史分析，便會發現以科學為專業者實不甚多；且不僅他們的言說常常未能體現其專業訓練，他們在論戰中的影響通常也不及那些非專業而談「科學」者，詳另文。

47 丁文江即說：「要知道達爾文的學說，最好是看他自己的書。我不知道在中國批評他學說的人，有幾個從頭至尾看過〔《物種起源》〕這部名著的」。丁文江：《玄學與科學的討論的餘興》，《科學與人生觀》，259頁。

48 胡適：《介紹我自己的思想》，《胡適論學近著》，濟南：山東人民出版社1998年橫排新版，496頁。

進化論，他眼中的「科學」也是他愛說的「歷史主義的」。[49]

　　進化論在當時及此後的西方已引起較大的爭議，但今日意義的「科學」在十九世紀確立威望時，生物學的確起到了舉足輕重的作用。像胡適等在中國受過嚴復版的「天演論」薰陶而在二十世紀初受學於西方者，有這樣的科學觀是再自然不過的事。可知五四時人意識中的「科學」與我們今日所說的「科學」（其確立或晚到二戰前後，近年又在轉變）恐怕有相當距離。如果「科學」不同，所謂「科學主義」也就需要界定其在特定時空語境中的含義了。

　　正因為科學在中國與天演論的關聯，歐戰的殘酷及戰後西人的反思才對中國人觸動極大，因為嚴復版的進化論（相對更輕視後天倫理的作用）本身受到了挑戰。引進天演論的始作俑者嚴復本人在歐戰後的觀感很值得注意，他晚年在何遂的《觀歐戰紀念冊》上題絕句五首（今錄其前三首）：「一、太息春秋無義戰，群雄何苦自相殘。歐洲三百年科學，盡作驅禽食肉看。二、汰弱存強亦不能，可憐黃草盡飛騰。十年生聚談何易，遍選丁男作射鞞。三、洄漩螺艇指潛淵，突兀奇肱上九天。長炮扶搖三百里，更看綠氣墜飛鳶。」[50]

　　同樣有意思的是嚴復的自注：一、「戰時公法，徒虛語耳。甲寅歐戰以來，利器極殺人之能事，皆所得於科學者也。孟子曰：『率鳥獸以食人』，非是謂歟？」二、「德之言兵者，以戰為進化之大具，謂可汰弱存強，顧於事適得其反。」三、「自有潛艇，而海戰之術一變。又以飛車，而陸戰之術亦一變。炮之遠者及三百里外，而綠氣火

49　至少在左派看來，胡適在這一點上確有「歷史」方面的失誤，伍啟元即說他是半對半錯：「辯證法的唯心論沒有錯是玄學方法，但唯物辯證法是生物進化論成立以後的科學方法，這是不能否認的事」。參伍啟元《中國新文化運動概觀》，72頁。

50　此詩由何遂示陳衍，黃濬錄之，見黃濬《花隨人聖庵摭憶》，上海：上海古籍書店，1983年，97-98頁。

294 of 166 ❖ 道出於二：過渡時代的新舊之爭‧下冊

氣諸毒機，其殺劇於火器，益進彌厲，況夫其未有艾耶！」

　　「公法」在戊戌維新期間曾是許多與嚴復同時代人寄予厚望的國際新秩序的代名詞，而「科學」則是更持久的西方文明象徵；前者對其創始人已成「虛語」，後者在西人手中造成如此劇烈的破壞，兩者均導致「西方」這一整體形象的破壞。在這樣失望的心態下過去本擬「束諸高閣」的孟子言論由隱復顯，「夷狄」與當年的「泰西」之間的關聯似乎又被喚醒了。其第二首的注語更已直接論及「汰弱存強」的「適得其反」，則嚴復到晚年實已稍悔其引述西方的「進化」學說（嚴自己已不用「天演」而改云「進化」，也值得注意）。特別有意思的是，時人對「科學」在中國與西方間的認知實有區別：科學在中國雖然更多體現為「精神」並落實在整理國故和史學的「方法」之上（詳另文），在歐洲卻像傳教士所引導的那樣仍與「物質」相連而落實在「技術」上。

　　嚴復雖然不像梁啟超和梁漱溟那樣公開檢討中西文化問題，但他對西方文化的觀感實與二梁相近。有類似看法的老新派尚不少見，被認為吸收西人方法於中國學術最成功的王國維那時即告訴胡適：「西洋人太提倡欲望，過了一定限期，必至破壞毀滅」。王國維舉美國耗鉅資拍電影例，以為「這種辦法不能持久」。胡適在這裡又看見了「科學精神」，他認為「制一影片而費如許資本工夫，正如我們考據一個字而費幾許精力，尋無數版本，同是一種作事必求完備盡善的精神，正無可厚非也。」他雖然對西方「不悲觀」，但也以為「西洋今日之大患不在欲望的發展，而在理智的進步不曾趕上物質文明的進步」。可知胡適其實也已看出西方文化不盡美好，不過他主張「我們在今日勢不能不跟西洋人向這條路上走去」，王國維「也以為然」。[51]

51　《胡適的日記》，1923年12月16日。

　　正是讀到西人在戰後對自己文化的反省，張君勱才（有信心）成為少數跳出了嚴復版進化論的學者，他明確將「達爾文之生存競爭論」列在科學所力不能及的「人生觀」範圍之中。仍在進化論中的丁文江立刻就注意到這一點，並將其點出，提請與他思想相近的「讀者注意」。[52] 另一位在美國學科學的任鴻雋與丁文江的觀念接近，他說：誠如張君勱所言，達爾文的學說已經有後人的若干修正和改良，但「進化論的原理，卻是無人能反對的」。任氏認為「近世的人生觀，比中古時代的固定的消極的人生觀進步多了」，而這一進步正得自於進化論。他主張「把因果觀念應用到人生觀上去，事事都要求一個合理的。這種合理的人生觀，也是研究科學的結果」。因為「只有由證據推出的結論」才是合理的。[53]

　　任鴻雋對「進步」與「合理」等觀念的運用明顯體現出他在進化論武裝下的「現代」心態，在美國學文科的羅家倫指出：斯賓塞（近代中國人另一重要思想資源）的進化論「用最機械的解說，先認定近代什麼都是好的，是最高的發展之標準，所以強分多少時代，而以他們所認為『不好的』都加在以前的或初民的社會身上。現在經真正科學的考察，知道他們的論據充滿偏見。進化（Evolution）只是現象的變動，是一種事實，但是進化不見得就是進步（Progress）。」[54] 以今日後現代主義眼光看，「進步」也不見得就更「好」。惟羅氏當時對進化論如此認識，似已比那些學科學的人要更全面些。

　　多數中國人大致仍在進化論籠罩之下，他們不僅以進化論立論，在駁論時有意無意也以進化論為思想武器，就是張君勱自己也不例外。張氏在十年後回顧當年的論戰時認為「最能代表中國這個時代的

52 張君勱：《人生觀》；丁文江：《玄學與科學》，《科學與人生觀》，35、51頁。

53 任叔永〔鴻雋〕：《人生觀的科學或科學的人生觀》，《科學與人生觀》，128-130頁。

54 羅家倫：《科學與玄學》，244頁。

思想」的是吳稚暉的文章和胡適與陳獨秀兩人為論文集所寫的序文
（有意思的是三人均非學自然科學者），但三者在張的眼中當然都不
夠高明，吳的思想近於十九世紀德國的樸素自然主義；胡適的文章則
說明「他不是一個杜威的學生了，乃是十六十七世紀時之自然主義
者」，其立意與文風，又類伏爾泰；而陳獨秀不過「借科學與玄學的
討論來提倡唯物史觀」。[55]

在進化論風行的近代中國，二十世紀之前的思想意味著什麼，已
不言自明。但張仍進一步提醒說，「我們現在生在二十世紀，我們是
不是應該拿歐洲十七世紀的思路，再重複一下，又從十六十七世紀向
前到二十世紀呢？」他特別指出：「自然主義、唯物主義是各國思想
界中必有的階段」，唯物主義也只是在十九世紀風行於歐洲，後來在
英國和德國分別被經驗主義和新康德主義所取代。只不過「在我們今
日之中國，正是崇拜西洋科學，又是大家想望社會革命的時候，所以
唯物主觀〔主義？史觀？〕的學說，在中國能如此的流行。」他並預
言，「恐怕不到幾年後」，唯物主義「這種思想也就要過去了」。張的
推理雖說「學術、宗教、政治問題決不是物質二字所能解決」，其實
他的基本思路仍是以唯物主義在西方已過時這一進化論觀念為基礎。

而張君勱的「同時代人」其實不少，稍後唯物史觀派攻擊胡適所
提倡的實驗主義，同樣說其是「中世紀」的和「違反科學」的。彭述
之說：「實驗主義，從哲學的觀點上看來，是一種變相的中世紀式的
『煩瑣哲學』」；其「表面上帶著民主主義和似是而非的激進的科學的
面具，然而實際上卻是十分保守的、專斷的、反動的、違反科學精神
的」。[56] 彭氏言論最能表現當時的世風：第一要說對方舊，第二要說

---

55 本段與下段，參見張君勱《人生觀論戰之回顧》，《東方雜誌》，8-10頁。

56 彭述之：《評胡適之的實驗主義與改良主義》，原載《讀書雜志》卷二，轉引自伍啟
    元《中國新文化運動概觀》，75頁。

對方不科學;而其所用詞彙也最能體現當時的價值判斷——「激進」正確而「保守」錯誤。在這方面,一般被認為是「守舊」的張君勱其實非常趨新。

在與丁文江爭論時,張君勱多次強調他比丁文江更新,更能追隨歐洲思潮。他認為「近三百年之歐洲,以信理智信物質之過度,極於歐戰,乃成今日之大反動」。但歐洲玄學思潮從十九世紀末已開始興起,故他以「新玄學時代」來稱謂近「二三十年之歐洲思潮」,並聲明這樣的新玄學是與此前舊玄學(注意仍是歐洲的)有區別的。張君勱先說,科學能否支配人生這一問題,「自十九世紀之末,歐美人始有懷疑之者,今尚為一種新說」,故丁文江不知。後又說,「以人生觀為可以理智剖解、可以論理方法支配,數十年前或有如在君之所深信者,今則已無一人矣。」正由於歐美思潮的轉變,今日「欲以機械主義支配吾國之思想界,此必不可得者矣」。[57]

張氏不久再申:「科學自產生到現在,其於人生的利害究竟如何呢?在吾國人或不覺此是問題,因為科學一定是有益的;在歐洲則成為問題,已有數十年之久了」。歐洲人「自十九世紀下半期後,對於科學,漸由信仰而趨於懷疑,尤其是法國人懷疑最烈」。而且「方今歐美先知先覺,在精神方面提倡內生活,在政治方面提倡國際聯盟,這種人已經不在少數;只看我國人如何回應,必可以達到一種新境界。」故他「敢告諸君,我所說的並非夢話,歐美知識界之新學者,都已趨向我所說的新路上來了」。[58] 以歐美「新」學者走的「新」路來強化自己取向的吸引力,張氏用心相當良苦,而其尊西趨新的態度也表現得很充分了。

---

57 張君勱:《再論人生觀與科學並答丁在君》,《科學與人生觀》,99-101、61、81、110頁。

58 張君勱:《科學之評價》,《科學與人生觀》,221-226頁。

　　由於張君勱自身在科學和人生觀兩方面都沒有進行系統深入的學理研究，又負有士人的立言之責，在立說時便不能避免隨西人之波而逐西方之流。雖然張君勱自稱其治學與奔走政治皆有原則，既「不以時俗之好而為之」，也「不以時俗之不好而不為」；這針對他在中國的情形或不錯，但並未能改變他的思想資源基本是西來、而且正是在隨西方之波逐西方之流這一事實。張自己說，他與倭伊鏗「一見傾心」，於是將正在讀的「國際政治學書束之高閣」。此後更「潛心於西方學術之源流，惟日歎學海之汪洋，吾力之不逮」。[59]

　　最後一句的確是實話，張君勱所看的基本是國際政治和哲學書籍，對西方近代史所知實淺。他一則曰「十九世紀之初，科學的信仰〔在歐洲〕如日中天」；再則曰「今日歐美之迷信科學者，已不如十九世紀初年之甚」。[60] 這真不知是從何處得來的知識，與歷史事實全不符合。[61] 如果不是想當然的話，即很可能是據進化論以中國情形反推歐洲，認為歐洲當比中國提前若干時間，由此得出這樣的推論。我們當然不能要求不治史學的張君勱不犯此類錯誤（但他敢於隨便立說的勇氣也太足），這裡更值得注意的是他拿歐洲之問題來說中國人及與丁文江比賽更新更西的明顯傾向。

　　正是在比丁更新更西的自信上，張君勱敢於指責丁文江「連『心』同『物』的分別都不知道，哪裡還懂得哲學！」過去的研究者

59　張君勱：《再論人生觀與科學並答丁在君》，《科學與人生觀》，119頁。勞榦已指出張君勱在論戰時缺乏「為天地立心為生民立命」這樣一種「哲學」應有的高遠思慮，卻去追逐一戰後歐洲的時流（隨著世局的演變，這一當時的「顯學」終成西洋哲學的「旁枝」，愈發顯出逐流者的低淺）。勞榦：《記張君勱先生並述科學與人生觀論戰的影響》，《傳記文學》29卷3期（1976年9月），82頁。

60　張君勱：《再論人生觀與科學並答丁在君》，《科學與人生觀》，106、110頁。

61　關於科學在十九世紀歐洲的地位，參見Raymond Williams, *Keywords: A Vocabulary of Culture and Society*, New York: Oxford University Press, 1976, pp. 232-235；羅志田：《傳教士與近代中西文化競爭》，《歷史研究》1996年6期。

或受張君勱的影響，說丁文江是什麼心物二元論者，其實丁本人就自認是唯心論者。丁氏本認為「所謂事實，包括精神物質而言；因為我以為物質是 mind content〔精神內容〕，此外並無獨立的物質可言。」[62] 他又說：「我們所曉得的物質，本不過是心理上的覺官感觸，由知覺而成概念，由概念而生推論。科學所研究的不外乎這種概念同推論，有甚麼精神科學、物質科學的分別？又如何可以說純粹心理上的現象不受科學方法的支配？」[63] 今日受唯物主義影響較深的國人或難理解自然科學家何以能夠是唯心論者，其實兩者間未必有根本的矛盾，近年西方根據新發現的手稿研究近代科學的奠基者之一的牛頓，就發現占星術不僅影響了他的思維，而且根本就是他的研究對象。這個問題牽涉太寬，只能由內行的專家來解釋了。

　　對丁文江自己而言，只要將科學限制在「方法」或「知識論」的範圍內，便不受什麼唯心唯物的影響了。所以他認為：「科學的萬能、科學的普遍、科學的貫通，不在他的材料，在他的方法」。故是否「科學」也只看其方法而已，愛因斯坦的相對論、詹姆士的心理學、「梁任公講《歷史研究法》、胡適之講《紅樓夢》」，以及「近三百年經學大師治學的方法」，均是科學。而西方科學之所以不屑同玄學爭論，即因為其「知道在知識界內，科學方法是萬能，不怕玄學終久不投降。」[64] 這樣強調科學萬能，似乎很像許多研究者所說的「科學主義」，但丁氏口中的「科學方法」卻並非時人的共識。

　　今日學者好爭論人文學是否社會科學[65]，其實對五四人而言，這

62　丁文江致胡適，1923年3月26日，《胡適來往書信選》，上冊，189-190頁。

63　丁文江：《玄學與科學》，《科學與人生觀》，46頁。

64　丁文江：《玄學與科學》，《科學與人生觀》，46頁、53、51、57頁。

65　這是受英文著作的影響，法文對「科學」和「社會科學」便無英文那樣明確的分界，參見Williams, *Keywords*, p. 235.

不是問題；那時許多人認為所有學問都是（或應該是）科學，問題在於什麼樣的人文學才科學或人文學怎樣研究才科學。五四人的前輩梁啟超講科學就注重的是其「精神」，且落實在方法之上，即「有系統之真知識，叫做科學；可以教人求得系統之真知識的方法，叫做科學精神。」[66] 胡適晚年回憶說：丁文江和他自己都「最愛讀赫胥黎講科學方法的論文」，而赫氏恰將歷史學、考古學、地質學、古生物學以及天文學都歸入「歷史的科學」一類，其適用的方法正與中國的「考據」相類。[67]

中國傳統的考據方法是否科學方法只是這次論戰中的一個支題，卻有著遠更廣泛的意義；因為五四人講「科學」時甚少往「技術」方向走（講到西方的物質一面時也一定要提高到「文明」層次），與我們今日將「科技」完全合起來講迥然不同。若落到實踐層面，則「賽先生」真正落實的恰在胡適提倡的「整理國故」之上。對此許多胡適的支持者其實都或明或暗地反對（各人的出發點有所不同）。老一輩的吳稚暉乾脆主張將國故「丟在毛廁裡三十年，現今鼓吹成一個乾燥無味的物質文明；人家用機關槍打來，我也用機關槍對打。把中國站住，再整理什麼國故，毫不嫌遲」。胡適學生輩的追隨者傅斯年也對整理國故很有保留，只是不曾正面挑戰胡適而已。[68]

這裡的根本大分歧正在於什麼是「科學」，胡適和丁文江都認為考據方法即是科學方法，張東蓀則反對說：「漢學家的考據方法不能即算就是科學方法。我承認漢學家有點兒科學精神，但不能以一點的

---

66 梁啟超：《科學精神與東西文化》，《飲冰室合集‧文集之三十九》，北京：中華書局，1989年影印，3頁。

67 胡適：《丁文江傳》，74頁。

68 吳稚暉：《箴洋八股化之理學》，《科學與人生觀》，310頁；傅斯年：《歷史語言研究所工作之旨趣》，收其《史料論略及其它》，瀋陽：遼寧教育出版社，1997年，40-49頁。

相同，即謂完全相同。本來考古學〔按非今日所謂考古學〕只是歷史地理的一個分支，自有其地位。若把考古學的方法推廣而用於其它地方，科學家即承認這個就是科學方法，似乎未免太自貶了。」因為「科學注重在實驗，考據不過在故紙堆中尋生活」而已。[69] 問題在於，如果以是否「實驗」為判斷依據，則大部分所謂「社會科學」都非科學，這恐怕連張君勱都不能同意。

實際上張東蓀本認為「科學當然是 Science 的譯語」，所以中國漢學家的方法自然不可能是西來的科學方法。但對胡適來說，這裡正意味著中西間是否平等的問題，他針對另一個北大學生毛子水提出的「世界上的學術，比國故更有用的有許多，比國故更要緊的亦有許多」的觀點指出：「學問是平等的。發明一個字的古義，與發現一顆恒星，都是一大功績。」[70] 西方人盡可去發現恒星，中國人也可去發明字的古義，只不過是同一科學精神的不同運用而已。既然同是科學發明，則整理國故即進行「科學」事業，這或者即是胡適終其身都在進行考據的一個原因吧。

在科學方法的運用或其能力上，當時人也相當不一致。任鴻雋認為，「科學方法雖是無所不能，但是他應用起來，卻有一定的限度」，比如張君勱那種「渾沌囫圇」的人生觀便用不上。[71] 但更多的人則對科學期望甚高，蔣百里即注意到人類對科學的期望和要求過多：「麵

---

69 參見張東蓀為梁啟超《人生觀與科學》所寫的按語及其自著的《勞而無功——評丁在君先生口中的科學》，收《科學與人生觀》，144-145、238頁。胡適的另一學生輩追隨者羅家倫與張氏觀點相近，他公開指出「國內許多人認為科學方法就是那種『整理國故』方法可以代表」，其實後者只是前者「很小的部分」，實不足「代表科學方法」。羅家倫：《科學與玄學》，243頁。

70 張東蓀為孫伏園《玄學科學論戰雜話》所寫的按語，《科學與人生觀》，135頁；胡適：《論國故學》，《胡適文存》，上海：亞東圖書館，1920年，卷二，286頁。

71 任叔永〔鴻雋〕：《人生觀的科學或科學的人生觀》，《科學與人生觀》，127頁。

包問題，也請賽先生來管；男女問題，也請賽先生來管」。其實科學真正涉及的不必是這類可以直接感知的具體事物，而多半是人類耳目所不能及的學理；「賽先生的聲學，是人類耳朵所聽不見的占大部分；賽先生的光學，是人類眼睛所看不見的占大部分」。他以玩笑口吻指出：「科學萬能」與「科學破產」其實都是「人類尋著賽先生時一種高興」以及「高興的情調一時低下去」的不同反應，與科學本身恐怕無關。[72]

　　主張科學萬能的丁文江其實是面向未來，他認為當時科學的力量還相當有限。因此，「歐洲文化縱然是破產（目前並無此事），科學絕對不負這種責任。因為破產的大原因是國際戰爭，對於戰爭最應該負責的人是政治家同教育家，這兩種人多數仍然是不科學的。」他指出英國教育界從中學到大學，仍基本控制在教士手裡，歐洲大陸和美國亦然（這意味著他說在歐洲混不下去的玄學鬼其實混得不錯）；並以「歐美做國務員、總理、總統的從來沒有學過科學的人」為例，證明「科學的影響，始終沒有直接侵入政治」。故「歐美的工業雖然是利用科學的發明，他們的政治社會卻絕對的缺乏科學精神」。如今「歐洲的國家果然都因為戰爭破了產」，該負責的是「不科學」的政治家同教育家。[73] 換言之，歐洲破產的是尚未「科學」的「國家」，卻不是「科學」的歐洲「文化」。

　　這提示著當時人所思考和討論的，其實不必是研究學理的科學本身，而是人們認知中科學（實際和可能）的社會功能。正如許華茨指出的：科學與人生觀論戰中站在「科學」一邊的人其實對科學的看法相當不一致，故這次論戰「不過表明了這樣的事實，即科學一詞本身

72　（蔣）百里：《賽先生與人類》，《改造》，4卷5號（1922年1月），此為該冊冊首之《一得錄》，無頁。

73　丁文江：《玄學與科學》，《科學與人生觀》，54-57頁。

不再提供任何共同一致的基礎」。[74] 同樣，前述張君勱和張東蓀觀念的歧異說明，「玄學」一邊的人對科學概念的認知也是相當不同的。

那時人們的科學觀不僅歧異頗多，而且有的人變更極快。寫《中國歷史研究法》時的梁啟超大致與胡、丁觀念接近，但在該書出版的一九二二年當年即已有新的看法。他回顧說，由於「因果律是自然科學的命脈」，學者多欲證明自己所治學科也有因果可尋，以成為科學。「史學向來並沒有被認為科學，於是治史學的人因為想令自己所愛的學問取得科學資格，便努力要發明史中因果。我就是這裡頭的一個人，我去年著的《中國歷史研究法》內中所下歷史定義，便有『求得其因果關係』一語」，現在讀了西人著作，再加上自己的研究，「已經發覺這句話完全錯了」。[75] 梁固以「與昨日之我戰」而著稱，但這樣短的時間裡有這樣截然相反的根本轉變，仍從一個側面凸顯了時人科學觀的不穩定性。

梁啟超自供的想為史學「取得科學資格」的心態，又揭示出科學作為社會象徵的魅力。在五四人提出「賽先生」口號時，對「科學」的概念並無一個大家認可的共識，但作為一個正面象徵還能為各方所接受。科學與人生觀這次論戰再次表明，在時人的心目中科學概念的歧異恐怕還超過其共性，且這一歧異已延伸到象徵層面。西來的「科學」在象徵層面也已不再一致，正是一戰後「西方」分裂的明顯表徵。[76] 對這樣歧異波動的科學觀是否能以「科學主義」來作概括性的詮釋，我以為是要打個問號的。

時人對科學缺乏共識直接影響到究竟應當怎樣在中國提倡和推進

---

74 許華茨：《思想史方面的論題：「五四」及其後》，費正清編《劍橋中國史》，第12卷，中譯本，北京：中國社會科學出版社，1993年，494頁。

75 梁啟超：《研究文化史的幾個重要問題》，《飲冰室合集·文集之四十》，2頁。

76 參見羅志田《西方的分裂：國際風雲與五四前後中國思想的演變》，《中國社會科學》1999年3期。

科學的問題。偏於玄學一邊的林宰平提出，五四後的中國已與前不同，「真科學家固然不多，但是知道科學是重要的，這幾年似乎很不在少數。現在提倡科學，正要為他顯出真正的價值，築了堅實的基礎」。林氏認為「科學的」不一定就是「科學」，即「科學和科學的方法」兩者並非一事。若兩者不分即可能導致「天地間無一不是科學」這樣一種泛科學化。若「把科學極力的普遍化，燒酒對水賣，分量越多，價值越少」。他觀察到，當時學術界的毛病在於，「一個範圍很嚴謹的名詞，應用又應用，後來漸漸失其本意，甚至有與原意義完全相反的」。故「科學一語，恐怕不久也要變成濫套了。這是糟蹋科學，不是提倡科學」。[77]

馬克思就曾否認過他是時人認知中的「馬克思主義者」，林氏所見的確是當時尚未引起足夠注意的現象。古代中國曾有將政治泛道德化的現象，對外和戰常提到道德的高度，致使一些相對切實的政策主張無法得到廣泛的認同。[78] 近代中國也有類似的傾向。思想學術的泛科學化是二十世紀中國的一個顯著特徵，其結果是「科學」變為象徵和「口頭禪」，在一定程度上反與具體學理上的科學研究疏離。這樣的異化現象，在最提倡科學的五四時期已有明顯的反映。一般都認為科學與人生觀的論戰是以「科學」一方的勝利結束的，但科學的「成功」或「勝利」其實也多是象徵性的。五四運動八十年後強調「科教興國」的今天，「尊重知識」（這裡知識與科學的關係不言自明）仍是個尚未達到卻心嚮往之的努力目標，最足說明問題。

原刊《歷史研究》一九九九年三期

---

77 林宰平：《讀丁在君先生的〈玄學與科學〉》，《科學與人生觀》，158-161、180頁。
78 Cf. Arthur N. Waldron, *The Great Wall of China: From History to Myth*, Cambridge, Cambridge, England: Cambridge University Press, 1990.

近現代中華文化思想叢刊 A0102012

道出於二：過渡時代的新舊之爭　下冊

作　　　者	羅志田
版權策畫	李　鋒
責任編輯	楊家瑜

發 行 人	陳滿銘
總 經 理	梁錦興
總 編 輯	陳滿銘
副總編輯	張晏瑞
編 輯 所	萬卷樓圖書股份有限公司
排　　　版	林曉敏
印　　　刷	維中科技有限公司
封面設計	菩薩蠻數位文化有限公司

出　　　版　昌明文化有限公司
桃園市龜山區中原街 32 號
電話 (02)23216565
發　　　行　萬卷樓圖書股份有限公司
臺北市羅斯福路二段 41 號 6 樓之 3
電話 (02)23216565
傳真 (02)23218698
電郵 SERVICE@WANJUAN.COM.TW
大陸經銷
廈門外圖臺灣書店有限公司
　電郵 JKB188@188.COM

ISBN 978-986-496-112-2

2018 年 1 月初版

定價：新臺幣 240 元

如何購買本書：

1. 劃撥購書，請透過以下郵政劃撥帳號：
　帳號：15624015
　戶名：萬卷樓圖書股份有限公司
2. 轉帳購書，請透過以下帳戶
　合作金庫銀行　古亭分行
　戶名：萬卷樓圖書股份有限公司
　帳號：0877717092596
3. 網路購書，請透過萬卷樓網站
　網址 WWW.WANJUAN.COM.TW

大量購書，請直接聯繫我們，將有專人為您
服務。客服：(02)23216565 分機 610

如有缺頁、破損或裝訂錯誤，請寄回更換

國家圖書館出版品預行編目資料

道出於二：過渡時代的新舊之爭 / 羅志田
著.-- 初版.-- 桃園市：昌明文化出版；臺北
市：萬卷樓發行, 2018.01
　冊；　公分.
ISBN 978-986-496-112-2(下冊：平裝)
1.思想史 2.近代史 3.中國
112.7　　　　　　　　　　　　　107001278